精准创业

从0到1实现可盈利、可持续发展

李木 ◎著

民主与建设出版社
·北京·

© 民主与建设出版社，2025

图书在版编目（CIP）数据

精准创业：从0到1实现可盈利、可持续发展 / 李木著. -- 北京：民主与建设出版社，2025.6. -- ISBN 978-7-5139-4948-4

I. F241.4

中国国家版本馆CIP数据核字第2025PV5787号

精准创业：从0到1实现可盈利、可持续发展
JINGZHUN CHUANGYE CONG 0 DAO 1 SHIXIAN KE YINGLI KE CHIXU FAZHAN

著　　者	李　木	
责任编辑	刘　芳	
封面设计	仙　境	
出版发行	民主与建设出版社有限责任公司	
电　　话	（010）59417749　59419778	
社　　址	北京市朝阳区宏泰东街远洋万和南区伍号公馆4层	
邮　　编	100102	
印　　刷	北京天恒嘉业印刷有限公司	
版　　次	2025年6月第1版	
印　　次	2025年6月第1次印刷	
开　　本	880毫米×1230毫米　1/32	
印　　张	8.25	
字　　数	170千字	
书　　号	ISBN 978-7-5139-4948-4	
定　　价	66.00元	

注：如有印、装质量问题，请与出版社联系。

自序

十年创业，从摆地摊到投资人

素未谋面的读者您好，我是李木，很荣幸您能阅读这本书。

请允许我做个自我介绍，我创业至今有十多年了。22岁摆地摊收二手手机，开始创业之路；23岁做电商代运营公司，赚到第一桶金；27岁开始做宠物医生学习交流平台，其间获得了不少融资；后来与京东、百度等大公司合作，京东平台的宠物在线问诊服务便是我们公司在背后提供宠物医生运营管理的，每年服务几百万养宠用户；最后卖掉公司，如今转行做投资人，正好十年时间。

我的家境、学历都挺一般，也就是人们常说的寒门子弟。我是属于白手起家创业，没有资源、没有人脉、没有资金，一路靠自己摸索。赚过钱，也亏过钱。最穷的时候，大冬天穿着又旧又破的冲锋衣，在肯德基约见客户；有钱的时候，每晚睡几千元一晚的酒店。在创业的路上，被客户骗过，被人坑过，被合伙人背刺过多次，还被员工骂过；当然，也得到过不少人的帮助，遇到过一些贵人，否则我也不会有今天。可以说，一个创业者应该经历的和不该经历的，我都经历了。虽然我不算特别成功的企业家，但相较于那些有创业想法和刚创业几年的创业者来说，我的创业经历和经验还是比较丰富的。写这本书的目的，是希望帮助创业者在创业过程中少走一些弯路，能走得更稳当一些。毕竟创业这条路确实不容易，我虽然言轻力薄，但也想为之尽一份微薄的力量。

于是，我将自己十多年的创业经验梳理成了方法论，融入这本书中。这本书最大的特点在于内容的系统性和全局性，这也是我想表达的核心。创业并不是你单纯地做好某一个方面就足够，创业与上班不一样。上班你只需要把自己的本职工作做好，但是创业不行。创业关系到方方面面，需要把每个方面都考虑到并且做好。创业者需要对创业中关键的环节做到心中有数，学会从全局的角度去看待和思考问题。这样才可能从创业浪潮中脱颖而出，实现你的理想。

我把创业中关键的环节分为10章叙述，并按照创业步骤依次排列：从最初的寻找创业方向，到如何低成本启动，再到公司的管理、运营和融资，最后到创始人能力的提升。这10章内容，是我认为对于创业最重要的，每一位创业者应该熟悉和了解的，也是您在未来创业过程中会不断遇到的问题。我是实战派的创业者，书中内容都是实践经验的总结，而且文笔比较平淡，没什么华丽词句，也没有去过度地修饰，所以整体上都是"干货"。希望大家读完后能对创业所需的各个方面了解得更完整些，并且从全局来看待创业这件事。

书中提供的案例或许不多，因为我是通过多年的实战经验来总结的个人观点。我没有找各种案例来佐证，是因为很多创业故事并没有表面看上去的那么简单。每个人对于知识都有自己的思考和判断，如果您觉得哪里写得有道理，记在心里即可；反之，也不必太放在心上。

本书也不像其他创业书籍，详细拆解的案例比较少。在我看来，很多事情如果说得太琐细，就等同于"喂饭"了。"喂饭"版的知识其实很难被真正吸收，而没被吸收的知识很难与当下的实际情况相结合。创业类知识不是数学题，并不是依靠固定的公式就能掌握吸收的。在这十多年创业期间，我学会了深度琢磨。虽然我时常也会带着遇到的疑问去请教前辈，但更多的是借鉴他们的想法，因为大家面临的实际情况不一样，我需要深度思考以解决遇到的实际问题。创业类内容是需要深度思考和总结的，这样学到的东西才是自己的，同时也是真正用得上的。我觉得真正优秀的创业者应该从深度琢磨创业知识开始，这样才能做得比其他人更好。

最后想告诉您，创业不是靠一腔热血，而是更要靠谋略，得"有勇有谋"才行。创业如同远征，光凭一腔孤勇难以穿越九死一生的商海。历史早已揭示：真正的创业者，都是战略思维与行动胆识的完美共生体。

这是我第一次写书，如有写得不好的，大家有不满意、不认可的地方，还请多多包涵、多多体谅。最后，希望这部书能给您带来一些不一样的启发，帮助您更好地创业，哪怕只有一点点，也是我的荣幸。

　　亲爱的创业者，祝您早日获得自己想要的成果！

李木

2025年2月8日 于深圳

目录

第一章　赛道：前进的方向比速度更重要

第一节　两种创业模式　/ 003

第二节　赛道是什么　/ 005

第三节　赛道为什么关键　/ 006

第四节　如何选对赛道　/ 012

第二章　切入点：第一个稳定且盈利的业务

第一节　切入点是什么　/ 023

第二节　如何找到切入点　/ 026

第三节　切入点选择标准　/ 031

第四节　哪个切入点最适合你　/ 034

第三章　合伙人：人品、互补、能力缺一不可

第一节　单干 or 合伙　/ 043

第二节　合伙人能帮你什么　/ 044

第三节　合伙人有什么标准　/ 047

第四节　如何寻找合伙人　/ 053

第五节　几人合伙　/ 056

第六节　如何管理合伙人　/ 060

第七节　合伙人的权利与责任　/ 064

第八节　合伙人的股权划分　/ 066

第九节　约定退出机制　/ 070

第四章　低成本启动：最小成本验证商业模式

第一节　什么是低成本启动　/ 081

第二节　如何低成本启动　/ 083

第三节　低成本启动的核心目的　/ 088

第五章　降本：用减法来聚集目标

第一节　降本三大好处　/ 095

第二节　降本只是省钱吗　/ 098

第三节　横向降本　/ 100

第四节　纵向降本　/ 103

第五节　降本的四个目的　/ 108

第六章　增效：做一家可持续发展的公司

第一节　增效三大方向　/ 117

第二节　如何增加资金储备　/ 120

第三节　如何提高公司的稳定性　/ 122

第四节　如何提高公司的发展能力　/ 124

第七章　团队管理：以心管事，以事服人

第一节　团队管理有什么用　/ 133

第二节　团队管理六个方向　/ 135

第三节　管理心：敬畏之心　/ 140

第四节　管理心：文化建设　/ 142

第五节　管理心：晋升体系　/ 145

第六节　管理事：奖罚制度　/ 148

第七节　管理事：岗位职责　/ 151

第八节　管理事：结果导向　/ 154

第八章　财务管理：现金流为盾，利润为矛

第一节　为什么要做财务管理　/ 165

第二节　合规的基本步骤　/ 169

第三节　稳定的三个阶段　/ 174

第四节　发展的三个阶段　/ 176

第五节　控本的四个模块　/ 179

第九章　　融资：是推进器，不是救命稻草

第一节　你需要融资吗　/ 189

第二节　两种融资方式　/ 192

第三节　如何避免被坑　/ 195

第四节　如何撰写商业计划书　/ 197

第五节　如何估值　/ 203

第六节　融资的流程　/ 204

第七节　如何撰写尽职调查报告　/ 209

第八节　融资后有哪些忌讳　/ 215

第十章　　创始人：你的认知决定公司的上限

第一节　创始人是公司的灵魂　/ 225

第二节　创始人需要提升哪些方面　/ 226

第三节　五个心态　/ 228

第四节　四个品质　/ 231

第五节　三个能力　/ 233

第六节　学会讲故事　/ 236

第七节　处理问题七个原则　/ 240

后记　/ 247

致谢　/ 251

第一章

赛道

前进的方向比速度更重要

第一节

两种创业模式

1. 短平快模式

短平快的创业模式,是找到一些当下非常热门、需求量很大的产品或业务,用最短的时间,如一年半载去做,然后快速拿到结果。等待市场冷却后离场,再寻找新的机会。这种短平快的创业模式是目前主流的模式。其优点很明显,因为速度快,拿到结果也快,短时间内可以赚到不少的钱;缺点也很明显,需要反复寻找热门的产品或者业务去做,也并不是每次都能获得好的结果,比较考验创业者的市场敏锐度、判断力和执行力。这种创业模式可以赚到小钱,赚大钱比较困难。

2023年ChatGPT火爆时,AI工具市场一时间大热。我有一个朋友利用AI工具绘画,在抖音平台快速积累了大量粉丝,然后通过直播的方式售卖AI绘画教学课程,定价为299元。他们用6个月时间卖了150万元。团队一共6个人,减去投流的各类费用,每个人差不多分到了20万元。

2. 长期深耕模式

长期深耕的创业模式，需要创始人认真思考个人未来的发展规划，对自己的未来有着清晰认识，然后找到一个适合自己的行业，用3～5年去深耕它。这种创业模式需要创始人具有很强的毅力，坚持下去才能慢慢做好、做大。这种模式的整体收益远远高于短平快创业模式。我们目前看到的很多大公司或大品牌，其实都是通过一步步的深耕发展起来的。

我在第二次创业时，经过多方面综合考虑选择了宠物行业，搭建一个宠物医生学习平台。刚开始的时候，我什么人也不认识，四处碰壁，还挺困难的，但坚持下来以后慢慢就顺了。后面因为合伙人的问题，我退出了公司。这个项目做了将近5年时间。这5年的收获很大，公司从最早花6000多元开发的微信小程序软件，到慢慢积累了5万多名宠物医生，后续业务拓展到宠物医生学习培训、宠物医院供应链采购、宠物在线问诊等多元服务。经过5年的深耕，整体收益还是很不错的。更重要的是，在这个过程中，我学会了很多创业需要的技能，也结识了一大批宝贵的人脉资源。

总的来说，无论是短平快模式，还是长期深耕模式，我觉得没有绝对的好坏之分，只是看你更喜欢哪一种，或更适合哪一种，适合自己的创业模式就是最好的。

如果你刚开始创业的时候，选择的是短平快模式，那么当年龄达到三四十岁时，我建议你考虑长期深耕模式。因为大多数人在30多岁都组建了自己的小家庭，事业稳定对于小家庭来说很重要，那么选择一个长期坚守的行业去慢慢深耕，对于个人长期发展或者家庭稳定都是一件好事。

"赛道"这一节，主要讲解的就是如何选择一个可以长期深耕的赛道，来帮助你找到适合自己的方向。

第二节
赛道是什么

自2015年电商浪潮蓬勃兴起，"赛道"就成了形容细分行业的代名词。不过，赛道和行业是有所区别的。行业属于较为宽泛的范畴，比如，当下热门行业有医疗、零售、金融、文旅、3C等，其中零售业又分为美妆、汽车、珠宝首饰、生鲜等不同子行业，而且子行业在市场规模、增长态势上也各不相同。赛道更像是一个子行业综合因素的总称，可以简单理解为子行业的再细分领域。

赛道的选择对创业者至关重要。如果所涉行业发展前景乐观，市场规模增长速度快，再配上创业者的能力、对应的资源和不懈努力，就有可能斩获很大的收益。反之，如果选择的赛道不对，即使个人的自身条件再优越，往往也难以达成预期效果，反而会白白浪费时间。

常言道,"谋事在人,成事在天"。赛道的重要性恰似这"天"的作用,是除了个人因素之外,最重要的外在因素。没有合适的机遇、时运,创业者的成事概率会大幅下降。如果你所处的这片"天空"太小,经常打雷、下雨,那么即使你再拼搏也无济于事。因为这不是努力不努力的问题,而是你所在的地方有问题。这就是人们常说的,选择大于努力。只有先天条件选择得好,再加上个人后天的努力,才有可能收获硕果。

赛道选择的重要性,在于花同等时间获取最大化收益。选择一个好赛道是为了让你在后续能发展得更好、更顺利,从而实现更长远的目标和更长久的收益。接下来,我将根据个人的行业观察心得来更详细地解释一下。

第三节
赛道为什么关键

1. 更换成本高

在创业过程中,短时间内能调整或改变的问题都是小问题。

例如，你发现合伙人或员工不适合公司的现状和发展，可以通过劝退、调岗、优化等措施解决。但是，你最初选择的赛道是无法在短时间内快速调整和改变的，因为赛道是你本次创业的起点，所有的一切都建立在这个起点之上，牵一发而动全身。

对于大多数创业者来说，选择一个赛道其实是选择一个行业。公司的商业模式、产品架构都是围绕这个行业展开的，你所积累的创业相关人脉和资源也是属于这个行业的。而且创业是需要投入大量资金，并且花费很长时间去发展一家公司的过程。当有一天，你发现目前的赛道和自己想象的不一样，不怎么赚钱，未来发展空间有限，甚至可能会亏损，这时候你想换一个新的行业或赛道，那么基本意味着你要结束这次创业，之前的一切付出（除了积累的资本）都可能归零。

再次创业等于重新开始，你需要把之前走过的路再走一遍，同时再次投入大量的时间和资金去做出相应的成绩。好比说，你在中国生活了很多年，现在要出国发展了，你是不是需要重新去适应国外的环境和积累新的资源、人脉？这个过程是很漫长的，更换赛道也一样，各方面的成本都是很高的。试问多少人有从头再来的勇气呢？即使有勇气，又有多少时间和资金支撑你从头再来呢？对于普通人来说，人生最难的就是从头再来，因为你并没有那么多从头再来的机会。

由此可见，更换赛道的代价有多大，赛道的重要性就有多强！

2. 收益差距大

我们绝大多数人都是普通人。每个人的智商不会太高,也不会太低,属于正常水平,但每个人的命运却完全不同。撇开家庭带来的影响和资源,以及我们无法把控的意外,我认为影响一个人命运最重要的因素是选择。人的一生由无数个选择形成,每个人的选择不同,最终导致每个人的命运也完全不同。

创业也是如此。每个创业者在过程中都很努力,但最终的收益结果却完全不同,根本原因在于每个人选择的赛道不同。

举例来说,你发现在上大学时,身边的同学并没有和你相差太多,原因是你们选择了同一所学校,接受的环境、教育等方面没有太大的差别;但是毕业以后,每个人因为选择不同,走上了不同的道路。

创业和大学毕业后的那次选择是一样重要的。两个拥有相同起点的人,在同一时间开始创业,分别选择不同的赛道:一个人去种小麦,另一个人去种瓜果蔬菜。三五年之后,撇开不可控的因素,这两个人的收益肯定是不一样的,而且会有很大的差距。粗浅地看,是因为小麦没有瓜果蔬菜值钱,所以收益不同;而细微地看,你会发现根本原因在于他们所选择的赛道不同,从而造成了收益上的差距。

我们人生的很多时候,并不是自己的能力不行,更多的是选择使然。创业更是如此,创业是一场博弈,一场与时间的赛跑。在你人生有限的时间中,选择的赛道不同,获得的收益也会截然不同。每个创业者都应该理性地选择创业赛道，因为你的时间成本高昂，创业赛道的选择不仅会影响现在，更会影响到我们未来的整体收益差距。人与人之间的差距往往取决于选择，不同的选择造就了不同的结果。

3. 选对赛道，事半功倍

很多人在创业时，总是拿不到想要的结果。明明自己很努力，却总是事与愿违。其实很多时候不是你的能力不行，有很大可能是因为选择的赛道不好，或者不适合你。你的能力和优势并没有得到有效的发挥，所以做事情总是要花费很大的力气，结果还不尽如人意。

在创业时，每个人的资金、资源、人脉都是有限的。如果我们想把有限的资源发挥出最大的价值，做到1+1>2的结果，就需要选择一个好的赛道。选择一个好的赛道相当于选择了一个好的创业环境，可以让你发展得更顺利。创业者不仅要有自己的原则和观点，更要有理性的思考和判断。

创业道路上会遇到各种挑战与难题。如果选择的赛道不好，你的能力、人脉、资源得不到充分的发挥，遇到的困难及挑战与你的能力模型不匹配，这时创业成功的阻力就会加大，导致你明明很努力，很多事情却难以实现。一旦你拥有清晰的创业目标、明确的正向收益路径、以结果导向的思维，你的行业经验、技术能力、人脉资源等就会更利于创业分阶段目标的落地。见微知著，创业成功的概率增大，整体会发展得更快、更顺畅。

大家常说，人要做自己擅长的事情。为什么呢？因为做擅长的事情会事半功倍，可以做得很快、很好。赛道也是这样，你选择了一个好的赛道，就会发展得很快、很顺，这就是事半功倍；选择不好的赛道，就会特别累，做得很辛苦，变成了事倍功半，这是得不偿失的。

4. 影响长期发展

当你开始创业之后，公司的前3年通常会经历两个不同阶段：从0到1的生存阶段，从1到10的发展阶段。从0到1的阶段重在打磨产品，探索商业模式，实现自给自足，并让公司开始盈利。这个阶段的主要目的是让公司能生存下去。

赛道对于从0到1的阶段的影响不大，因为这只是创业的起步阶段，公司规模很小。这个阶段更看重你的团队的能力和做事情的方法。无论做哪个赛道，只要找到合适的方法，都能把从0到1这个阶段走完，只是花费的时间长短不同。

但赛道对于从1到10的阶段的影响非常大。公司一旦迈入发展阶段，需要实现更高的业务增长，这时就要探索更多的业务模式和增长点。而业务的增长与市场规模、市场需求息息相关，在赛道市场规模、增长空间没那么大的情况下，公司即使投入很多资源，也很有可能得不到预期的回报，反而白白浪费了不少时间，导致公司长期发展受到很大的影响。甚至因为市场的问题，公司有很大可能无法发展起来。

在创业时我们需要认识到赛道的重要性，这样在选择赛道时才会做出更加理性的判断。一个好的赛道,可以让你顺势而为,发展得很顺利,从而不断地壮大;一个不好的赛道,即使让你走过从0到1的生存阶段,也很难发展起来。一个公司的发展不仅仅是靠努力就可以实现的,还要看所处赛道的市场情况,市场才是决定发展的关键因素。

说这么多只想告诉大家一句话:任何一家公司的发展都和市场密切相关,只有市场规模足够大、增速够快,才能让一家公司不断发展壮大。

总之,赛道的影响在创业初期是看不出来的,当公司走过从0到1的阶段以后,它的影响才会越来越明显,而且越发展越明显。不适合的赛道会让你的公司发展得非常吃力,因为赛道的上限就在那里,你再努力也没用。但到了那个时候再后悔就来不及了,因为从你最初做出赛道选择的那一刻起,公司的上限就已经和赛道深深地捆绑在一起,再也无法分开,这就是赛道的力量。

第四节
如何选对赛道

如果把创业比作一条线,那么赛道就是线的起点。一个好的起点、好的方向会让你的创业更加顺畅,然后把公司不断做大,最终拿到想要的结果。

关于选择赛道的建议,我结合个人的实际观察和思考,从以下四个方面给大家一些指引和参考。

1. 个人兴趣

大多数人创业是为了赚钱,也是为了过更好的生活。但是创业是一件九死一生的事情,总体来说成功率较低。创业不可能只赚钱,不赔钱。你的公司在尚未步入稳定阶段前,有很长一段时间可能是不赚钱,甚至是赔钱的。这便是实际的创业现状,创业不等于马上就能赚到钱,绝不是今天开业,下个月就赚得盆满钵满,那是小说里才会有的故事。在现实中,从创业到赚钱要经历一个很艰难的过程,这个过程对一个人各方面的考验都会很大。

第一章
赛道：前进的方向比速度更重要

其中最重要的就是坚持下去，只有坚持下去的人才能赚到钱。

如果说赚钱是你选择赛道的基本标准，那么热爱就是选择赛道的长远标准。简单来说，一个赛道能否作为创业选择，首先看这个事情能不能赚钱，这决定你是否可以上路；但这个赛道能否长期坚持下去，从创业挨到赚钱，就要看你热爱的程度了。在创业的过程中，你会遇到各种棘手的问题，经历无数的挫折，很容易还没赚到钱就坚持不下去了。此时热爱就显得尤为重要，它决定了你在低预期、多麻烦、高压力的处境下能走多远。

如果把创业赛道比作汽车，那么赚钱犹如轮子，热爱犹如汽油。这辆车能不能跑，首先看有没有轮子，这是基础判断；而能跑多久，则取决于有多少汽油，这是长期判断。基础判断和长期判断都要有，这才是我们选择创业最稳妥的方式。单有赚钱这个基础判断是不够的，热爱是我们创业中很重要的原动力。你只有热爱所选择的赛道，热爱所做的事业，才会很用心地去做，才能把事情做好。

一个人如果不热爱自己所做的事情，一定会产生很多问题。只有热爱所做的事情，才能在遇到挫折和问题时坚持下去，才能在沮丧和失望时坚持下去，才能在不赚钱时坚持下去。创业也只有坚持下去，才能赚到钱。

创业过程中需要有迎接挑战的勇气，热爱可以让你朝着你想要的方向不断前进，从而拿到想要的结果。热爱可以让你全心全意去做事、去思考，即使遇到很难的问题，因为热爱，你最终也能设法克服问题。

2. 政策方向

在创业的漫长历程中，我也是直到这两年才意识到，国家发展政策对个体创业的影响有多大。回顾国内过去20年的发展，每一个蓬勃兴起的行业背后都有国家政策在支持。比如，国际贸易、互联网电商、房地产行业等之所以发展得那么快，主要原因是国家在背后投入相应的政策和资金支持。这是这些行业能发展起来的核心原因。反过来，国家支持哪里，就说明资金池在哪里，我们在钱多的地方赚钱的概率才更大。

例如，当前国家政策大力扶持新能源汽车行业发展，出台了一系列相应的政策，如每销售一辆新能源汽车，国家就会直接补贴几万元给汽车公司。所以短短10年之间，便催生出小米、理想、蔚来等多家新能源汽车公司，衍生出的上下游产业链公司更是数不胜数。有国家政策扶持的行业会发展得很快，可以用几年时间就把小公司发展成大公司。

而如果一个行业国家不愿意支持，会怎么样呢？必然是发展不起来，这个行业的公司也绝对无法长远地发展。例如，在"双减"政策出台之前，国内教育行业的头部公司，如新东方、学而思、猿辅导等公司拿融资拿到手软，可能有几十亿元；广告铺得满天飞，几乎电视上、电梯里全是它们的广告。但是，当"双减"政策下来后，这些公司几乎一夜之间跌入谷底、面临破产，这就是国家政策带来的影响。

政策是一把双刃剑，每一位创业者都应该重视政策，紧跟政策发展是很好的创业方式。国家政策支持的行业可以扶摇直上，国家政策不支持的行业可以瞬间消失。所以，在我们创业时一定要关注国家的政策风向，找到国家支持的行业去创业，这样会事半功倍。国家不支持的行业，即使暂时发展得不错，也迟早会出问题。创业时多了解国家政策，提前规避一些不合适的行业，找到国家政策支持、自己又非常喜欢的行业，然后找到其下合适的赛道去创业，这样才可能做出一家发展既快速又长远的公司。

任何一个行业和公司的发展，都会受到国家政策风向的影响。创业者需要理性地看待和分析国家政策，创业需要顺势而为，才能水到渠成。

3. 人口需求

目前国内有14亿人口，由不同出生阶段的人群组成。不同出生阶段的人群，在社会发展过程中会成为一定时期的消费主力人群。不同的人群因为喜好不同，产生的消费习惯也不同。每过10年左右，消费主力就会发生变化，而每次消费主力人群发生变化时，就代表了新的市场机会出现。

举例来说，"80后""90后""00后"这三个不同的人群，消费习惯和观念完全不一样。"80后"人群更喜欢买进口品牌，"90后"人群则更喜欢国货品牌。这几年国产品牌能发展得这么快，核心原因在于"90后"是目前消费市场的主力人群。从我个人观察来看，每10年都会爆发出不同的创业风口，比如，2000年的互联网行业，2010年的移动互联网和电商行业，2020年的自媒体行业。这三个风口分别对应了"80后""90后""00后"三个人群。

在创业中，我们需要去观察每个人群的消费习惯和偏好，找到迎合某个群体需求的赛道去创业，然后做出相应的产品定位，这样才会获得更好的结果。

同时，我们还需要去观察人群年龄结构的发展走向。哪个年龄阶段的人群即将成为消费市场的主力？哪个年龄阶段的人群数量在减少？哪个年龄阶段的人群数量在增多？这些也是非常重要的。比如，目前新生儿数量在不断减少，那么再去做关于新生儿和儿童市场的创业，从长远发展来看可能不合适。相反，目前我国老龄化是非常严重的，如果能在银发经济中找到相应的创业方向，那么会是一件很不错的事情，有很大可能拿到好的创业结果。

人群角度和年龄段角度可以让我们更直观地看到现在的消费习惯和未来的消费趋势，从而做出更好的创业赛道选择。当每个年龄段的人老去或者长大，也同样会出现新的创业机会。所以，建议你以10年为周期来思考人群的发展走向，寻找合适的创业机会。

4. 未来市场

关于未来市场的需求，主要从两个角度来综合看待。

第一，未来市场规模有多大。未来市场的需求决定了创业赛道的发展上限。一个公司的发展和市场是息息相关的，未来市场需求越大，公司才能做得越久；公司做得越久，才有机会做得越大；公司做得越大，才越有机会赚更多钱。未来市场需求是非常关键的一点。当你看到一个赛道，尽管因为某种原因，目前的市场规模较小，但是根据一些数据判断其未来的市场空间广阔，那么它就是一个有潜力的蓝海。这一点非常考验一个人对未来市场发展的判断，需要有很强的市场敏锐性。

第二，市场的年增速是否足够快。增速越快，说明行业发展的速度越快，这样企业才能快速发展起来。如果一个市场虽然未来需求大，但是年增长速度缓慢，那也不适合作为我们创业赛道的选择。增速慢说明行业还需要很长时间去发展，而这个时间是无法把控的，对于公司未来的发展会很不利。如果你在一个市场增速很慢的赛道创业，即使能在短时间内做出成绩，后续的发展也会跟不上。因此，市场发展得快，公司才能发展得快；市场发展得慢，公司必然发展得慢。

我们在选择创业赛道时，既要关注市场的未来需求，也要考虑市场的年增速。优先选择未来市场需求足够大、年增速足够快的赛道，才有可能让公司不断发展壮大，拿到我们想要的结果。未来市场需求的大小，决定了公司未来的上限；现在市场增速的快慢，决定了公司发展的快慢。如果增速太慢，会发展得很心累，因为进场太早了。有时候来得太早，菜还没上桌，只能干等着；有时候来得太晚，没你的位置坐了。刚刚好的时机比较难把控，有时候也要看运气。如果能不早不晚进场是最好的，退一步讲，我的建议是宁可早点儿，也不能晚。

赛道选择是创业中最重要的事情，没有之一。赛道犹如你的顶梁柱，无论未来怎么发展都无法摆脱它。它是一切的开始，一切得失成果最终都要回归到这个源头。选择对了能发展得很好，选择错了只能从头再来。可是人生又有多少从头再来的时间和机会呢？希望这一章让你对赛道有更深的了解，选择一个适合自己的赛道，拿到自己想要的结果！

本章要点提炼

◆ 创业模式

1. 短平快模式：找到热门产品或业务，在短时间内获取结果。优点是速度快，赚钱快；缺点是需不断寻找机会，考验市场敏锐度，赚大钱难。

2. 长期深耕模式：创始人需对自身发展有规划，选择适合的行业深耕3~5年，收益会高于短平快模式，需毅力和坚持。

◆ 什么是赛道

1. 定义：赛道是行业的再细分领域，是子行业综合因素的总称。

2. 重要性

（1）更换成本高：赛道是创业起点，选错更换代价大，如重新积累资源、资金且时间成本高。

（2）收益差距大：不同赛道收益不同，在同等努力下，不同赛道的最终收益差距很大。

（3）选对赛道，事半功倍：好的赛道可让资源、人脉、能力充分发挥作用，事半功倍；不好的赛道则事倍功半。

（4）影响长期发展：赛道对创业从0到1阶段影响小，对从1到10阶段影响大。好的赛道有利于公司发展壮大，不好的赛道即使度过初期也难以发展。

◆ 赛道选择的建议

1. 个人兴趣：赚钱是基础判断，热爱是长期判断。热爱可让人在创业过程中坚持下去，用心做事，克服困难。

2. 政策方向：关注国家政策支持的行业。国家支持的行业发展快，不支持的行业可能受阻，创业应顺势而为。

3. 人口需求：观察不同人群的消费偏好、人群年龄结构的变化趋势，以10年为周期思考人群发展走向，寻找合适的创业机会。

4. 未来市场：从未来市场需求规模和年增速两个角度综合考虑，未来市场需求大且增速快的赛道有利于公司发展壮大。

第二章

切入点

第一个稳定且盈利的业务

第一节
切入点是什么

通过"赛道"篇的内容,你应该对赛道的重要性和选择方法有了一些认识。赛道的重要性贯穿创业的整个过程,而切入点同样非常重要。

切入点,简单来说,就是你做的第一款产品或者第一个业务。如果说赛道是一条线,那么切入点就是这条线的起点。选择从哪里进入市场非常关键,选择得好会事半功倍,选择得不好,后续发展会辛苦一些。切入点具有以下三个作用。

1. 安身之本

如果把创业比作一场战争,那么在这场战争打响的前期,你选择在哪个位置安营扎寨是至关重要的。安身之本是指你要做的第一个产品,让它能产生利润。这第一个产品就是你创业赛道的切入点,让它成为你创业初期的安身之本,然后再慢慢地去发展其他业务。

好的切入点就如同在战争中占据了有利的地理位置。把"身"安在什么位置是战略关键，安顿下来以后，根据市场的变化，寻找合适的时机再进一步发展。有了一个保底的安身之本，你就可以不断锤炼自己的商业模式和团队，同时有时间静下来思考怎样谋取更大的发展。

举个例子，我在做宠物行业的时候，把"宠物医生学习交流平台"作为进入宠物赛道的切入点。通过积累宠物医生资源，售卖宠物医生学习课程，我获取了稳定的收益，然后再根据市场情况不断尝试新的业务。我之所以可以不断去尝试新业务，是因为切入点"宠物医生学习交流平台"可以提供稳定的收益，让我有资金和精力去拓展和探索。"宠物医生学习交流平台"这个切入点，就是我在宠物市场的安身之本。

2. 快速"复活"

快速"复活"怎么理解呢？当你的第一个产品或业务能够每月产生稳定的利润时，就可以支撑你未来不断尝试新的业务发展。即使新业务发展得不顺利或者亏损，依靠第一个产品或业务每月产生的利润，也能让你快速地积累新的资金，去进行新的业务尝试，这就叫作快速"复活"。

创业开始后，最初商业模式的探索都会围绕切入点展开，包括产品打造、团队组建、资源梳理等。有一项调查数据统计，大学生创业失败率高达95%，社会人士创业失败率高达87%。实际的失败率可能更高，可见在创业过程中，我们不能保证每个决策都是正确的，或者每次都按照你的预期去发展。在真正有长期稳定收益的成果到来之前，你会经历好些输多赢少的时刻，而当你每次输了准备再去发展的时候，切入点的重要性就体现出来了。它能让你的产品、团队、人脉等资源重复利用，有助于你找到新的发展机会。它就像游戏中的复活币一样，让你一次次复活，然后拥有新的挑战机会。这样你可能会做得更好，并赢得最终的胜利。

我在宠物医生学习交流平台这个切入点做稳定以后，用半年时间快速尝试了很多业务，比如宠物医生线下培训、宠物医生执业考试等，都失败了。但是因为宠物医生学习交流平台这块的收益很稳定，我可以一次次快速"复活"，去继续尝试新业务。后来我们才慢慢地做成了宠物医院采购供应链和宠物在线问诊这两块大业务。这一切都归功于我最初选择的切入点业务的成功，是它赋予了我快速"复活"的能力。

3. 输得起

创业这么多年，我认为普通人和家境丰厚人群创业的最大区别，在于普通人手里的筹码太少，应对风险的能力较低。他们创业过程中失败一两次，可能就把所有家底搭了进去。一般创业整体历程需要3~5年，对于普通人而言，时间成本非常高。

家境丰厚人群最大的优势就是输得起，他们可以在最短的时间内不断试错。次数不在乎多少，只要赢一次两次就能翻盘。而普通人因为筹码太少，完全是输不起的，可能根本就等不到赢的机会,更别说翻盘了。他们只能继续积累资金和人脉,再出发。但这时可能已经过去3年、5年、10年,很多人已经成家立业了,很难再敢大胆地去折腾。而好的切入点就是为了弥补这一点,让普通人可以和家境丰厚人群一样,在有限时间内进行反复试错,最终等到赢的机会,进行翻盘。

优质切入点的特点就是能有稳定的收益。这一点正好可以弥补普通人因为资金不足,无法持续尝试新业务的短板。优质切入点的作用在于让你持续留在牌桌上,继续打牌。只要不下桌,总有机会赢的。

总的来说,创业的方向很重要,起点也很重要。切入点的重要性在前期仅次于赛道选择,它是你创业路上的第一个十字路口,决定了你创业前期的道路是否好走。如果选择得不好,基本上"半条命"就没了。

第二节
如何找到切入点

很多人最初创业选择的切入点,是按照自己对某个点的了解经验来决定的。这就是说，只了解了片面的市场信息，没有详细了解整个赛道的市场。后期更多是凭借运气在做事，很难结合切入点把事业做得更大，这种情况的失败率往往也较高。

我认为寻找合适的切入点是启动创业至关重要的环节。创业过程中讲究的是步步为营，要有清晰的每个阶段、每一步骤的规划。这样做虽然不一定做得够快，但一定会更加稳定，成功率也会更高些。

1. 行业视角

寻找切入点，首先要对整个行业进行了解。要清楚地知道行业的过去、现状、未来，深入了解行业的来龙去脉，站在全局的角度进行观察和分析。

你可以通过互联网搜索各类相关行业报告和数据，然后根据自己的了解进行分析，进而通过网络搜索更多的数据验证自己的分析。经过多轮分析和数据验证后，你就能对赛道有较为深入的了解。这里推荐几个网站：国家统计局、中国互联网络信息中心（CNNIC）、中国经济信息网、易观智库、前瞻产业研究院等。

网上能获取报告的渠道比较多，你也可以根据自己关注的领域寻找业内的熟悉人员来推荐渠道。

2. 领域视角

在对整个行业有了全局视角之后，接下来切换到中局视角。

也就是对这个行业的每个领域进行更深入的了解，每个领域包含什么业务、业务的组成方式、每个业务有哪些玩家，他们如何运营、如何盈利、盈利现状怎样，等等。你需要根据这些综合情况，分析这些玩家未来的发展走向。

行业报告中基本会包含产业链上下游的头部玩家信息以及大致业务情况介绍，其他信息也可以结合其官方渠道（如网站、公众号、小程序或APP）获得。比如，上市公司的数据可以通过公司上市的交易所网站，或中国证监会指定信息披露网站"巨潮资讯网"搜索查询；非上市公司的情况除了从官方渠道获取信息之外，也可以向你熟悉的业内人士进行了解。

3. 赛道视角

经过全局、中局视角分析后，你对行业和领域已经有了比较全面的理解，这时候就需要聚焦视角。聚焦视角就是指专注于赛道，对行业的每个领域的不同赛道进行详细的了解，弄清楚赛道的玩家、人员情况、运营方式、营收和盈利状况。结合整体情况做一个详细的分析，最终把你认为不错的几点和比较喜欢的几点罗列出来，再进一步分析。比如，业务的过去状况、现在现状和未来发展的趋势，以及业务的运营方式、盈利方式、规模、利润率，等等。全面摸透这些情况，最终选择从哪里切入。

这里推荐一份行业赛道对标玩家清单和赛道切入点清单（见表1、表2），供你参考：

表1 赛道对标玩家清单

产业链位置	玩家（公司）名称	人员情况（分总部、业务分配、人员分配）	业务介绍	业务模式	年营收情况	亏损业务
上游①						
上游②						
中游①						
中游②						
下游①						
下游②						

表2 赛道切入点清单

序号	名称	业务模式	盈利方式	现状	利润率	未来趋势
1						
2						
3						
……						

分析自己所处赛道的玩家，了解他们的整体经营情况，越详细越好。这些主体将是你未来的竞争对手，你需要找到适合自己的切入口来进入整个赛道。

行业视角是为了判断整个行业的发展趋势，领域视角是为了弄清目前的市场情况和走向，赛道视角是为了了解竞争对手的情况，然后才能找到最适合自己的切入点。当你了解得越多，心里就会越清楚应该从哪里起步。

第三节
切入点选择标准

普通人创业，除了资金问题以外，还有一个最大的问题是人脉资源比较薄弱。所以，切入点一定要具备稳收入、轻投入、有竞争力和连接力这些特点，这样才有利于后续的发展。

1. 稳收入

切入点是安身之本，所以第一个特点是收入稳定。即使这个业务无法做得足够大，但收入方面一定是比较稳定的。当未来你要发展其他业务时，如果发展得不好，切入点这块业务还是能保障公司存活下来，然后再慢慢去尝试其他业务。稳定性是创业初期很关键的一点，业务的稳定性更利于新的发展，业务不稳定对新的业务发展是非常不利的。

只有切入点能带来稳定收益，你才能有精力和资金去尝试新的业务。

2. 轻投入

轻投入是指产品、运营、人员等方面的成本投入不大。这是考虑到未来的发展不利时，如果切入点不够轻，产品成本、运营成本等开支过大的话，有可能无法支撑你继续运营下去，更别提未来的发展了。所以，轻投入也是非常重要的一点，业务包袱没那么重，才能更好地去尝试其他业务，帮你最大限度去应对未来的各种风险。

3. 竞争力

好的切入点应该具备很强的市场竞争力。就比如打拳一样，先要学会的不是进攻，而是防守；防守能力越强，赢面越大。如果不具备竞争优势，做起来以后很容易被别人抢占市场份额，那时如果其他业务也尝试失败，就没办法作为安身之本了，会比较危险。最好将你的切入点在1年内做出竞争优势，然后不断进行深耕。根扎得越深，未来就会越稳定，这样才能有更充分的时间去发展其他业务。

具备竞争力可以让你在牌桌上待的时间更久,让你能有更多的时间去寻找和发展新的业务。

4. 连接力

好的切入点还应该具备连接力。连接力是指这个业务能帮你串联或者接触上下游产业,比如媒体类、活动类、培训类业务等的能力。这种业务可以使你积累很多其他行业的资源和人脉,同时也能使你了解到更多的行业信息,有助于寻找新的业务和发展。它让你通过自身的业务连接赛道内的玩家,慢慢建立自己的人脉和资源。这对于你事业的未来布局和发展会起到事半功倍的作用,同时也是让你不断深入了解行业的好办法。当你对行业了解得多了,后续才能做出更合理、更正确的判断。

我有一位合伙人,在做宠物行业时,选择做宠物行业媒体。她用短短1年时间积累了大量的行业资源和人脉,从最早的媒体业务发展出了很多业务。公司的营收和发展很不错,因为她做媒体,慢慢地认识行业内外的人越来越多,资源也越来越多。行业内的人对她都非常友好,为什么呢?因为她有价值。她在行业内真的是混得风生水起,主要原因之一是她最初选择宠物行业媒体作为她的切入点。

第四节
哪个切入点最适合你

从哪里切入市场是一个复杂的问题,因为每个人的特点和情况都不同。大体上可以从以下几个准则来考虑。

1. 满足优质切入点特点

选择切入点的位置,应该符合上一节提到的几个特点:稳收入、轻投入、有竞争力和连接力。最好全部符合,那样做事情会事半功倍,属于上选;不具备连接力,虽然会更辛苦些,但最起码还拥有安身之本,如果还是很难找到合适的切入点,那么最差是只不符合轻投入,属于中选;绝对不能选收入不稳、无竞争力的切入点,那样会很难,属于下选。

其实不够轻,压力也会非常大。你可以根据实际情况来综合考虑。我认为上选是最好的,如果没有符合条件的,就慢慢寻找,也不要轻易选择中选和下选。为什么呢?因为风险太高了。

2. 创始人的擅长点

切入点符合创始人的擅长点,也是很重要的。如果切入点里的业务或某个环节是创始人比较擅长的,这样就具备了优势。因为你擅长,在开始做的时候会更顺一些,可以减少创业前期面临的障碍。但如果你的学习能力足够强,什么事情都可以很快上手,这点就不是特别重要了,主要还是因人而异。符合优质切入点特点+符合创始人擅长点,是很不错的选择。

3. 创始人的资源点

如果在切入点上,创始人拥有一定的资源,也很不错。有资源代表着你可以很快把事情做出一定的成果。这样有了安身之本,就可以考虑更长远的发展和规划,相对来说创业会更快些。所以,符合优质切入点特点+创始人资源点,也可以考虑。即使不是你所擅长的,但是有资源可以让你快速获得结果,然后去开拓新的业务。当然,如果符合优质切入点特点+创始人擅长点+创始人资源点,那就更好了。也不用一定要找到这种,因为它可遇而不可求。

4. 创始人的热爱点

如果你没有擅长点,也没有资源,那么热爱就尤为重要。它是你跨过种种障碍，不断学习和进步的核心原动力，也是你能否拥有安身之本的必备条件。倘若既无擅长点，也无资源，也不热爱，那么就算你相信这个赛道很好、切入点很好，但在没有做出相应的结果之前，你依靠什么坚持下去呢？黎明前的黑暗是最煎熬的，这时候很容易让人产生更换赛道、更换切入点的念头。没有人愿意吃苦，人性如此，所以创始人的热爱点至关重要。

所以，符合好的切入点特点+创始人热爱点，也是可以做的，因为热爱可以弥补很多条件的不足。如果你选择的切入点既符合好的切入点特点，又是你所擅长的，又有资源，同时还热爱，那么恭喜你是天选之子，这个切入点就是为你量身设计的！

当我做宠物行业时，选择宠物医生学习交流平台这个切入点，是符合好的切入点特点的。我只花了6000元开发微信小程序，然后和另一个人慢慢做起来。我其实并不擅长，也没有资源，为什么能干成呢？主要是因为热爱，所以我愿意花很多心思来琢磨怎么把这事做成。之后，我们用6个月时间就做成了，也拿到了融资。所以，我认为热爱特别重要，比擅长和有资源更重要。

当你看完"切入点"这章，会认识到要着手的事情很多、很繁杂。其他章可以通过思考来解决，但这一章是需要你下大功夫去动手实践的。收集、整理和筛选行业信息，找到合适自己起步的切口。我想认真地告诉你两点：一是创业不能仅凭一腔热血。尤其是普通人，根本输不起。二是当你失败时，只能独自承受这个结果，不要指望任何人能理解你、包容你。大多数人都不愿意和失败者站在一起。"人走茶凉""虎落平阳被犬欺",那时候只能自己承受。你愿意承受这种结果吗?如果不愿意,就让自己强大起来,多学点儿东西只有好处,没有坏处。前期多辛苦一点儿,后面的结果就不会太差。希望你能真正意识到创业的艰辛。

"赛道"和"切入点"这两章属于创业过程中对外的选择和判断,我归为创业的外在篇。它是你萌发创业想法后的创业起点,先找到那根属于自己的线,再找到开始的那个点,基本算是完成了创业起步。希望你在看完以上内容后,能有所收获。接下来从第三章"合伙人"到第八章"财务管理"的内容,我归为创业的内在篇。如果说外在篇属于战略,那么内在篇侧重于执行。高瞻的战略,配上卓越的执行,才能把事情做得更好。创业是一件很艰难而漫长的事情,希望你可以耐得住寂寞,慢慢看下去。

"

本章要点提炼

◆ 切入点是什么

1. 概念：创业所做的第一款产品或业务。

2. 重要性

（1）安身之本：能产生稳定利润，支撑后续业务发展。

（2）快速"复活"：当新业务发展不顺或亏损时，可依靠它积累资金，以继续尝试新业务。

（3）输得起：好的切入点能弥补你创业筹码少、输不起的短板，让你在有限时间内反复尝试，等待翻盘机会。

◆ 如何找到切入点

1. 行业视角：对整个行业的过去、现在和未来状况进行了解和分析，可通过互联网搜索相关报告和数据，并验证分析结果。

2. 领域视角：对行业的每个领域深入了解，包括业务组成、玩家运营方式、盈利方式等，可结合行业报告及官方渠道获取信息。

3. 赛道视角：聚焦于赛道，分析赛道内玩家的整体情况，包括人员、运营、营收等，将自己认为不错和喜欢的点罗列出来，进一步详细分析后选择切入点。

◆ 3. 切入点选择标准

1. 稳收入：能带来稳定收益，保障公司在其他业务发展不利时存活，为新业务发展提供支持。

2. 轻投入：产品、运营、人员等成本投入不大，便于快速开展业务，应对未来风险。

3. 竞争力：防止市场份额被抢占，最好在1年内做出优势并深耕，为发展新业务赢得时间。

4. 连接力：可连接赛道内的玩家，积累人脉和资源，有助于了解行业，为未来布局和发展奠定基础。

◆ 4. 哪个切入点最适合你

1. 满足优质切入点特点：上选是符合全部特点，中选是仅不符合连接力或轻投入，下选是不符合竞争力和稳收入，建议优先考虑上选。

2. 创始人的擅长点：可减少前期障碍，若学习能力强则此点可忽略。

3. 创始人的资源点：拥有资源可快速取得成绩，并为长远发展提供支持。

　　4. 创始人的热爱点：在无擅长点和资源点时，热爱至关重要，是坚持下去的核心动力。

第三章

合伙人

人品、互补、能力缺一不可

第一节

单干 or 合伙

当你选好了赛道,找准了切入点,接下来就是找合伙人一起干。我不建议你一个人单干,一个人毕竟能力有限,时间和精力也有限。有合伙人可以进行头脑风暴,一起想办法解决问题,一起分享创业路上的喜怒哀乐,一起分担彼此的焦虑。合伙人互相提供有效的正向情绪价值是非常重要的,一起成长、一起进步是非常有意义且有必要的事情。

人类在文明进程中之所以能崛起,并站在食物链的顶端延续至今,除了智力上的优势外,我认为另一点就在于团队合作。人类发展史是一个漫长而复杂的历程,从石器时代的狩猎和采集,到农业时代的种植业,再到工业时代的制造业,直至信息时代的多元化产业,生产资料和生产关系发生了翻天覆地的变化,但人类依旧具有群居动物的特性。人与人之间的相互关照、相互协助推动了几千年的文明发展步伐。

创业其实也是一个向前发展的历程,创业项目的运作单靠一个人是非常艰难的。项目管理、资源调配都需要团队的聚力合作，才能更有成效。雷军在创立小米品牌的时候，前期结合自己的资源和人脉，邀请了谷歌中国工程研究院原副院长林斌、北京科技大学工业设计系原主任刘德、金山词霸原总经理黎万强、微软中国原工程师黄江吉、谷歌中国原高级产品经理洪峰共同创立了小米科技，然后用了很短时间就研制和发布了小米自有品牌手机。所以，创业要想获取更大的成功，团队力量非常重要，而初创团队即合伙人起到了关键性作用。

第二节

合伙人能帮你什么

一个人创业很难走得稳定，走得长远。只要你想把公司做大，创业合伙就是必需的。好的合伙人的重要性，体现在能力互补、业务分配、思想碰撞三方面。

1. 能力互补

每个人都是独立的个体，因为生长环境和经历不一样，每个人的能力各不相同。有的人擅长对外沟通合作，有的人擅长打磨产品，有的人擅长管理财务；有的人擅长执行事务，有的人擅长管理公司。因此，在创业初期找到志同道合、能力不同而又互补的合伙人就非常重要了。

他们可以弥补创始人在项目中的短板，让创始人拥有足够的时间和精力去做自己所擅长的事情。当创始人遇到不擅长的事情，或觉得棘手的问题，但因为合伙人擅长，它就能在合伙人那里得到很好的解决，从而更好地推动项目的运行。

2. 业务分配

创业从0到1运作项目所需要的工作量会非常庞杂，这时根据不同人员的能力模型进行合理的业务分工，整体上会事半功倍。我第一次创业是做电商代运营，希望能在淘宝、京东等平台卖货。在项目筹建的时候，我规划的团队人员能力模型包括产品、运营、采购、设计。我特别擅长电商运营，那么项目初期设计可以外包，产品和采购可以由一个人负责，所以我的团队只包含了一个合伙人。他主要负责产品选择，以及解决供应链问题，如仓储物流、进货、发货、与供应商搞好合作关系；而我作为创始人，可以更好地运营电商平台的店铺。

这里可能有人会说，创始人只要有钱就行，招募员工一样能解决这些问题。但是，对于大部分人来说，工作只是一份谋生的手段，并不会以此作为竭尽全力奋斗的事业。普通员工和创始人所处的位置和看待事情的角度也是不一样的，而且员工无法和创始人共同承担创业失败的风险。

在创业的初期，找到一个三观相合、为业务成果负责，并且愿意分担创业风险的合伙人，是非常有利于把项目做好的。彼此进行业务分配、合力协作，每个人都能发挥各自的优势。团队协作能力越强，项目就会越做越大。后面也需要合伙人去统管不同的业务，这样会更有利于公司的进一步发展。

3. 思想碰撞

"三个臭皮匠，顶个诸葛亮。"合伙人还有很重要的一点作用是思想碰撞。在创业过程中，你会遇到各式各样的问题，这时需要采集合伙人的不同声音和建议来辅助决策。不同的人能力不同，擅长点也不同。一个人的决策很容易忽略其他因素的考量，如果完全按照自己的想法决定每个环节，后期出问题的概率也会比较高。

比如，有一个词叫"技术陷阱"，大概意思是一个技术出身的人会把技术看得非常重要，在思考和做决策时就会以技术为重心，从而忽略其他问题。我见过某个公司创始人，因其是技术出身，把技术看得特别重要，团队中整体研发人员占比70%以上，在技术层面投入非常大。但其公司的业务运作并不是以技术为主导的，而需要市场层面的投入来加持，这家公司的创始人在市场人员上却不舍得投入。本来公司是盈利的，但是过分注重新技术的投入，研发人员成本过高，导致在市场拓展层面预算紧张，最后公司的营收不足以支撑人员开支，公司运作进入被动的局面。

我们试想一下，这时如果有一个懂市场的合伙人能把这个问题和技术创始人进行思想碰撞,可以根据市场反馈来调控技术研发的进度,合理安排研发人员的投入,那么公司的业务运作是不是会更加顺利?所以,在创业中,有合伙人一起思想碰撞是非常重要的。"一千人眼中就有一千个哈姆雷特",每个人看待问题角度不同、想法不同,然后对碰一下,处理问题的时候就会考虑得更周全和更稳妥一些,同时也能碰撞出不同的思路和方法,这对项目的发展也是非常重要的。

合伙人的能力互补、业务分配、思想碰撞对于创业者来说是很关键的。要知道,每个人都不完美,有擅长点,也有不擅长点。一个人看问题比较片面,有了合伙人可以更好地解决这些问题,更快地拿到好的创业结果。

第三节
合伙人有什么标准

每个人身边都有许多亲朋好友,找个合伙人不难,但找个优秀的合伙人很难,特别是找到一个各方面都很好,又符合项目需要的人。所以,有创业之心的人,在日常生活中如果发现不错的工作伙伴、朋友等，可以逐渐积累为自己的人脉。保持适当的联系，说不定其中就有你未来的合伙人。优秀的合伙人，我认为需要具备以下几个特点。

1. 心态稳定

当今社会是一个充满不确定性和容易浮躁的环境，由于经济压力、家庭压力、工作压力等，很多人的心态都是非常不稳定的。而我认为优秀的合伙人的第一个特点就是心态稳定，敢于面对不确定性。创业本身是一个高风险的选择，过程中会遇到各种各样的问题，心态不稳定的人做事不坚定、容易心浮气躁，经常怨天怨地，传递给其他人的不是正向的能量，会非常影响项目发展和公司的文化氛围。一个人的心态是否稳定，可以从他的过往经历和表现来判断。

创业之路不平稳，会遇到各种困难和挫折，心态稳定很重要。

2. 做事踏实

创业是真刀真枪干出来的，不能找一个说得头头是道、善于画饼，却没有动手能力的人作为合伙人。优秀的合伙人不一定口才好，但一定要做事踏实，能躬身入局。尤其是在你的创业前期，人少事多，更需要少说多做、能为结果负责的人。在筛选合伙人时，可以从他以往的经历、成果数据来判断他是否具备这个能力。

创业是需要一点点脚踏实地地干出来的,所以需要找做事踏实的人来合伙。

3. 执行力强

创业公司和大型公司的差别之一,就是人员少,能更快地执行落地,并在很短时间内拿到相应的结果。在推进项目时,它们在执行层面的效率远远高于大型公司,"007"工作模式也可能是常态。所以,优秀的合伙人需具备高效的执行力,这样整个公司才能快速地发展,并且遇到问题时可以快速地解决。

项目的发展速度很重要,有时候机会窗口只有一段时间,太拖拉容易导致错过时机。如果执行过慢,是非常不利于创业初期的发展的。特别是在竞争的时候,执行力就显得更重要了。所以,执行力强也是合伙人的一个关键素质。

4. 不计较金钱

合伙创业除了要有赚钱的渴望,还要有个人理想或精神价值的追求。创业的风险非常高,前一章我们也说过,社会人士的创业失败率高达87%。如果合伙人过于计较金钱,那么团队的抵抗风险能力会较弱。

合伙人不计较金钱这点,指的是合伙人在项目的资金支持、个人的薪资待遇,以及项目失败或成功后的利益分配上不计较。

试想一下，如果我们找的合伙人对于一分一厘非常计较，与创始人、公司都算得特别清楚，认为自己"干得多，拿得少"，在金钱上总是算来算去的，那么一旦公司出现问题或者发展得好，他们一定会和创始人在金钱上扯皮，最终闹得很不愉快，从而影响公司的经营。创业本身事务非常多，创始人和合伙人就像砖头一样，哪里需要搬到哪里，很难说清楚谁付出得多、谁付出得少。

创业是一件付出不一定有回报的事情，所以合伙人不能抱着上班的心态，期望创业初期就带来较多的金钱收益。优秀的合伙人应该先考虑公司的发展，而不是在此过程中的付出和得失；应该是以目标和结果为导向，考虑回报时也是结合公司的实际情况，而不是只考虑自身，不考虑公司和其他人。

5. 抗压力强

在创业过程中，你会遇到不同的问题。大事、小事一堆，完全处理不完。而且一件接一件，就像在梳理一个线团一样，但给的时间又不多，整个团队需要尽快完成目标。这时就需要很强的抗压能力，才能把事情做好。优秀的合伙人的抗压能力一般会很强，能承受高强度的工作，有时间观念和结果观念，能在有限时间内把事情做好。

6. 有激情

激情与一个人的状态有关，从他的状态可以看出他对创业项目的认可度。创业是一件任重道远的事情。路途很遥远，任务又很重，而且事情特别多、压力特别大，这时一个人的激情就显得很重要了。优秀的合伙人应该对你的赛道和项目有信心，认可你未来的发展方向，心态稳定，斗志昂扬。只有这样，你们才能在无数次的企业困境和行业低谷中坚持下去，走得更加长远。

如果他没有激情，说明对项目和对未来的方向不认可。在没有获得成果之前，在遇到困难挫折时，激情饱满是很重要的，它可以让你们跨过那些艰难的时期。

7. 有爱心

最后这一点，我认为也是非常重要的一点。心中有爱，是指这个人是否善良，是否爱父母、爱伴侣、爱孩子或爱小动物。如果他不孝敬父母，对自己的伴侣不好，也不喜欢孩子，也不喜欢小动物，我觉得很难当成合伙人。试想一下，若一个人缺乏自然的爱心，能指望他后面与你好好地共事，并且对公司、对员工、对客户都很好吗？我觉得会非常难。

善良并非天生，而是一种选择。优秀的合伙人，一定心存感恩。为人善良，孝敬父母，爱自己的伴侣，爱自己的孩子或者爱小动物。也许爱不爱孩子或小动物看个人喜好，但他一定是孝敬父母、对伴侣很好的人。

心中有爱,眼中有光,这样的人是非常棒的。与这样的人共事,你们的公司一定会特别地有温度;与这样的人合伙,公司才能越做越好。如果一个人心中有爱,无论项目做不做得成,都不会闹得很不好;如果一个人心中无爱,那么无论项目做成或做不成,都可能会闹掰,原因是这类人是利己的。一定要忌讳与这样的人合伙。

以上这几点是我创业十年,无数次合伙总结出来的经验,也是我认为最重要的几点。找合伙人不能盲目地找,合伙人身上拥有一些特质是很重要的。合适的合伙人,可以让公司发展得特别好;如果合伙人不好,那么对公司的影响也是致命的。

我在做宠物在线问诊平台的前6个月,找到了一位很不错的合伙人,基本符合上述特点。我们用6个月时间就把项目从0到1的阶段完成了,多亏了这位优秀合伙人的帮助。再后来,随着公司的发展,我又找了另一位合伙人。这位合伙人找得不太理想。他很利己,把钱看得特别重,后续给公司造成了重创。公司差点破产,我之后用了整整1年的时间才让公司慢慢恢复,然后重新走上正轨。

我也是在那时候深刻地反思了自己,总结出优秀合伙人的特点。希望你也能重视合伙人的选择,不要盲目地与他人合伙。

第四节
如何寻找合伙人

我是一个脑洞比较大开的人，所以找合伙人的方式千奇百怪。有些方法的风险系数较高，但好在运气不错，也找到了很棒的合伙人，不过在这里不展开讲了。我主要分享几种比较稳妥的选择方式。

1. 亲人

亲人是指和你有血缘关系的家人，包括表亲、堂亲等。我认为找家人合伙是很不错的，因为家人之间知根知底，做起事情来反而没有那么多顾忌，大家也不会去计较太多。创业过程中，难免有意见不合或者争论。但因为是亲人，不至于闹得不可开交。如果真的出了问题，相对来说比较容易解决和处理。

我看到过不少家人一起合伙，项目做得很棒的；但也有闹得很不好，最终大打出手的。我认为这里主要看选择的人是否适合当合伙人，是否合适一起共事。你要先确定对方符合优秀合伙人的特点,其次对方若是家人,这样是最好的。千万不能因为是家人,就拉着当合伙人,这样有点儿本末倒置了。

2. 同学

如果你有常年联系的同学,关系很不错,那么也可以考虑同学之间合伙。因为大家一起上过学,一起读过书,也比较知根知底,对彼此的性格、脾气都了解得很清楚。这种情况下合伙,能较好地彼此理解和彼此包容,对于项目前期的发展很友好,对于公司中后期的稳定性也比较有利。同学之间的友谊,随着年龄增长,会显得越发重要。

此外,找同学当合伙人,对方也必须符合优秀合伙人的特点才可以。

3. 同事

寻找合伙人的第三种方式,是同事合伙。你们曾一起共事过,虽然未必知根知底,但一些表面的家庭情况还是知道的。最重要的是,你们了解彼此做事的风格和能力。彼此清楚做事的风格这一点,在创业的起步阶段会有很大的优势,可以让项目快速地运转起来。

同事之间合伙,做事的效率会更高,找同事当合伙人也必须符合优秀合伙人的特点。

4. 朋友

第四种方式是找朋友合伙。这里的朋友是指真正的朋友，不是聊过几次天、吃了几顿饭就算是朋友。你们至少要认识1年，有过一些合作或者其他的交集。你对这个人的品性和做事风格有基本的判断。如果你们认识了很长时间，有过很多交集，那就更好了。因为是朋友，在创业过程中遇到什么问题，大家很容易商量，一起想办法解决。不至于闹得太难堪，断送掉这么多年的交情。

朋友之间合伙，公司的稳定性同样会很强，但找朋友当合伙人，也必须满足优秀合伙人的特点。朋友合伙也许比不上家人、同学、同事之间的合伙，但也是很不错的，主要还是要看人。

建议从以上四个方向寻找适合自己的合伙人，无论是哪个方向，都必须符合优秀合伙人的特点。（见图1）只有这样，创业的成功率才能更高一些。如果没有符合优秀特点的合伙人，宁可自己先干，也不能盲目地找人一起干。毕竟，如果找的合伙人不合适，后续造成的麻烦可以说是毁灭性的。

我在创业期间，也通过不同的方式找过合伙人，比如从网络上、从社群里、朋友介绍等。综合看下来，好的合伙人不多，大部分多多少少都给我带来了一些问题。我认真分析了一下，找合伙人需要先具备好的合伙人特点，再从以上四个方向去找，这样整体来说会好很多。

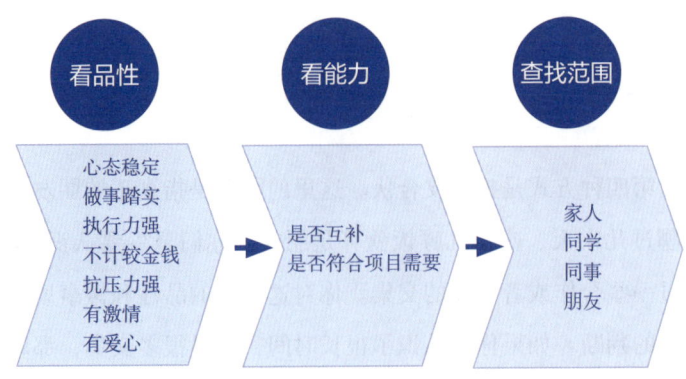

图1 合伙人选择路径图

第五节

几人合伙

创业要找合伙人很关键，几个人合伙也很关键。我创业十年来，根据自己的合伙经历以及看到过的其他项目，认为合伙人算上创始人，最多不宜超过3人。也就是说，找1~2位合伙人是最好的。人越多，事越多，想法越多，会影响你公司的发展。

1. 两人合伙

两人合伙的优点是决策极快。两个人合伙在公司发展的决策方面非常有利，特别是前期遇到各种各样的问题时，需要快速决策。两个合伙人方便保持高效沟通，有什么事，一商量马上就能解决。不管在创业前期还是中后期，两人合伙在决策上会有很大的优势。

两人合伙在前期的缺点是更辛苦些，因为人手少，所以每个人会付出更多。另一个缺点是在中后期时，两个人如果意见不合，也会出问题。但如果两人能够在各类意见上统一战线，保持一致，对于公司的发展会特别好，毕竟这两人就是公司的核心。

我见到不少两人合伙做得很好的案例。例如，宠物行业的某个知名公司，由两兄弟合伙，公司做得很大、很好。再比如，蜜雪冰城背后的营销推手华与华兄弟（华楠、华杉），其公司在业内名列前茅。我也见过两个人合伙在公司做大以后闹掰的，最后大打出手，闹得不可收场。

所以，两个人合伙有利有弊，你根据自身情况衡量即可。好处在于可以快速决策和执行，在创业前期帮助很大，中后期两个合伙人如果不出现分歧是很好的，一旦出现分歧对公司的打击可能是致命的。

2. 三人合伙

三人合伙的特点是决策快、稳定性强。3个人合伙虽然在决策上肯定没有两个人决策快，但也没有那么慢。优点是在项目前期多了1个合伙人，分工会更加明确，虽然同样会辛苦，但业务的稳定性会更强。

我个人倾向于三人合伙。3个人合伙，如果创始人自己不擅长财务管理，建议其中一个合伙人是财务出身，对财务有清晰的认知，可以更好地把控财务管理。前期财务的工作少，他可以干财务的同时，兼顾其他业务；后面公司发展起来了，他再专门干财务。财务管理是创业过程中非常重要的一件事，也是许多创业公司容易忽略的环节，后面会有一章专门讲解财务内容。

因此，3个人合伙是最理想的。决策快，分工更明确，稳定性也很强，因为当三人出现任何问题时，其中一人都可以调和、协商。相对来说，三人合伙无论在创业前期还是中后期，都可以让公司更加稳定地发展。

3. 四人以上合伙

我是非常不建议4个人合伙做事的。4个人以上合伙，第一个弊端就是决策慢。每当遇到问题时，需要4个人时间都合适，一起开会沟通；会后4个人都需要时间考虑，最终下决定就更慢了。创业前期事务会特别多，把很多时间花在决策上是非常浪费的，很不利于项目的进展。

第二个弊端是意见难统一。人多了以后，声音就会变得更多，会出现不同的意见。这时如果创始人想做什么事情，会发现很难得到所有人的认可。虽说多了1个人分担业务，但是弊大于利。尤其是在创业前期，当很多事情还没有跑顺或者做出结果时，如果合伙人层面出现太多声音，导致团队意见不合，就会很麻烦。这对于项目发展来说非常地不利。

创始人把合伙人组织到一起，为了一个目标去努力。如果想把项目做好，合伙人之间的团结是非常重要的。在创业过程中，大家在工作上和沟通上难免有做得不到位的地方。如果合伙人的人数太多，要想让所有人都认可彼此、团结一心是非常困难的。而一旦出现不团结，创始人就需要花费大量的时间来处理合伙人之间的关系问题。这会导致创始人非常累，同时因为合伙人不团结，项目的进展也不顺利。最终这个事情会影响到所有人和公司。

我个人经历过5个人合伙。一开始认为人多好办事，但实际情况是人多反而声音太多，意见不合。最终事情没做好，关系也闹得不好，我付出了很大代价才平息合伙人之间的问题。

因此，创业前期虽然事务多，但3个人合伙足够应付了。千万不能找太多人合伙，人多不仅不能把项目做好，反而会坏事。那时再占用创始人大量的时间去解决内耗的问题，对公司的发展非常不利。四人以上合伙容易出现分歧，会让决策变得很慢，让公司变得非常不稳定，不利于公司的团结和发展。

总的来说，我个人建议3个人合伙，其次是2个人合伙。具体选择几人，请你根据自身的情况和项目的阶段来考虑，一般不建议超过4个人。两三人合伙是目前主流的创业合伙方式。以这种方式成立的公司有做得很好的，也有做得很糟的，核心原因还在于合伙人的人品是否可靠。若合伙人靠谱，找到一两个就足够了；若合伙人不靠谱，找再多也没用，反而更容易坏事，因为合伙人确实是一把双刃剑。

第六节

如何管理合伙人

合伙人的管理核心不在于约束和控制合伙人的行为，而是在合伙前期就明确规则，以防后续合伙人之间出现矛盾，进而影响公司发展。

创始人是项目的发起方，也就是人们常说的"1号人物"。创始人是整个项目的核心，也是公司的灵魂，如同房子的顶梁柱。如果顶梁柱出现问题，房子的结构就会坍塌；如果创始人出现了问题，项目基本可以宣告死亡。所以，创始人的话语权是非常重要的，在前期就需要将合伙规则说清楚。根据我的经验，主要分为以下几个方面。

1. 决策

创业过程中会遇到不同的问题，都需要管理层进行决策。在合伙人负责范围内的决策，创始人应给予足够的信任，可以提供合理的建议和意见，但不宜插手太多。你不能什么都管，导致自己很累，合伙人也很累。创始人一定要学会放权和信任，让合伙人有效地发挥自己的能力，并且允许试错。但是，在公司战略方向、业务发展规划或其他重大事宜，或某些合伙人无法达成统一的事情上，合伙人可以提出建议和方案，而最终的决策一定是创始人说了算。这一点你在合伙前期要表达得非常明确，最好形成简易的文字，让合伙人一起签字确认。这是为了防止在未来遇到决策问题时，大家闹得不愉快。

2. 倾听

创始人在做重大决策时，比如公司战略方向、业务发展规划、财务支出等，一定要将自己的观点表述清楚，确保合伙人明白。但同时，也需要认真倾听合伙人的建议和意见，经过有效分析、综合考虑之后，再做决定。切记，不能光把自己的想法说了，不听别人怎么说就直接做决定。那样会让合伙人觉得你太霸道了，完全不考虑别人的想法和感受。这是很不好的行为，不利于合伙人之间的团结。而且，当你做出决定之后，感受到有些合伙人不满意或者有情绪问题，后续一定要安抚他们，让他们感受到足够的尊重和认可，这样更加有利于内部的团结。

3. 放权

创始人必须学会放权给合伙人，让他们在自己的业务范围内能够自由发挥。如果不学会放权，你会把自己累死，同时合伙人也无法有效地发挥其能力和积极性。放权不是任由合伙人随意做决策，你要有自己的判断，并且把握好分寸。在放权的过程中做好监管，掌握好界限，这一点非常重要。

既然选择合伙，就要对他们绝对信任，但也要做好监管，只需给予他们一点建议和提醒，重点看最终的结果如何。

4. 成立合伙人企业

一般的合伙做法是成立一个公司，将合伙人都放在这个公司。这也是最普遍的做法，但其中有个巨大的风险。那就是一旦合伙人之间出现矛盾，在股权上会产生很大问题，导致内耗非常严重。这个风险曾导致很多公司因合伙人层面的问题，而最终经营不下去。

举个例子，有个合伙人想要退出，因前期付出了很多，想要得到一笔钱。但是，公司或者其他合伙人都没钱给他，或者大家协商不一致。这时退出的合伙人就会拒绝后续公司变更层面的签字。尤其是当你需要融资，或有新的合伙人要加入时，退出的合伙人在股权变更上不签字，新的投资方或合伙人就加不进来，公司现在又缺钱，怎么办呢？答案是无解。有人说打官司，但打官司能快速解决眼前的问题吗？不能。

所以，最初就另成立一个合伙人企业的重要性便体现出来了。用于实际开展业务的公司，股东只保留创始人和合伙人企业公司。其他合伙人全部进入合伙人企业公司，并且合伙人企业公司由创始人负责。这样即使合伙人之间出现再大的问题，也不会影响主公司的发展，同时也能确保合伙人的利益。只是话语权被降低，但一切都是为了主公司的发展，不能从个人利益出发。

目前大多数成熟企业都是按照这个方式进行操作的，这样对于主公司发展更有利，更能保全集体利益，而不是个人利益。许多拿到融资的公司，或者大型的公司基本都会将合伙企业与实际业务企业分开，减少股权变动对公司的影响，规避合伙人内部出现问题而导致公司运营不下去。这一点是需要学习的，也是很重要的一点。

5. 对外行动统一

合伙人之间再怎么争吵，都属于内部的问题。只要好好商量，总有办法解决。但对外应该保持统一，无论是口径、决策或行动等，对外只有一个声音。不然会对公司形象的影响非常大，没有人愿意和一家合伙人看起来不团结、业务层面乱七八糟的公司合作，更别说长期合作了。所以，在合伙的前期建议大家签署行动一致协议。签署协议可以确保合伙人以公司发展为核心，弱化个人利益和权力，更有利于公司的稳定。协议的具体内容，你可以根据实际需要来拟定。总之，目的是确保对外统一。

合伙需要做到先小人，后君子。合伙的路途是很漫长的，一切措施其实都是为了让公司健康地发展下去，不因合伙人问题而遭受挫折。只有公司健康地发展下去，创始人和合伙人的心血才不会白费。说白了都是为了公司好，只有公司好，大家才好，因为大家是利益共同体。优秀的合伙人都是可以理解这一点的。

第七节
合伙人的权利与责任

合伙人所拥有的权利和背负的责任，是仅次于创始人的。创始人应该让合伙人清楚地知道自己的权利和责任。因为承担的责任不同，所以拥有的权利也不同。权利和责任是对应的，有多少权利就有多少责任。权利越大，责任越重。

我认为合伙人的权利和责任主要从以下几个方面体现，希望能为你提供一些思路。

1. 战略层面

在公司的战略决策层面，合伙人拥有绝对的建议权。向创始人提供建议和意见，让创始人清楚地知道自己想法，是合伙人应有的责任和职业精神。这是对他们的角色负责，更是对整个公司负责。创始人要认真倾听，理性分析和思考，最终来做决策。如果创始人做了合伙人不喜欢的决策，事后要认真和对方交流自己的想法，确保合伙人之间不出现矛盾。

虽说最终决策权属于创始人，但合伙人不能因为个人情绪或其他原因，就抛弃自己本身的责任和义务。合伙人有效的建言献策对于公司的发展至关重要，大家都是为了公司的发展好。不能因为最终决策权不在自己手上，就放弃自己应有的权利和责任。谁都想拥有最终决策权，但这个人只能有一个，否则整个公司都乱套了。合伙人要学会换位思考，在自己的位置上做自己应该做的事情。

2. 管理层面

在业务板块内，合伙人拥有绝对的管辖权。合伙人一般是公司某个板块的负责人，创始人应给予合伙人在管理层面绝对的信任和权利，不能越权管理和指挥。必须让合伙人行使自己的权利，从而充分发挥自己的能力。

合伙人在自己的业务范畴拥有管理权的同时，也要背负相应的责任。合伙人需要向上跟创始人及时沟通业务问题和业务进展情况，做好思想和目标上的统一；向下做好业务管理和团队管理，并且拿出解决方案，不能把所有问题都抛给创始人。合伙人要学会自己解决问题，同时为目标负责、为结果负责。过程很重要，结果更重要。不能为结果负责的合伙人不是合格的合伙人。合格的合伙人一定是在拥有权利的同时，会承担权利带来的责任。

3. 执行层面

在业务执行层面，合伙人拥有绝对的执行权。创始人在合伙人执行层面不能进行决策和干涉，可以提出建议和方法供他们参考，但一定要赋予他们最终执行权。这也是合伙人所享有的权利之一。如果一个合伙人在执行层面都没有绝对的自由，最终结果一定是分崩离析。人家是来合伙创业的，不是来打工的。如果创始人叫怎么做就怎么做，那么当合伙人的意义是什么呢？所以，合伙人拥有绝对的执行权。创始人切记，不能越权做决策和指挥，只需看最终的结果即可。合伙人在执行层面所拥有的责任，依然是为目标负责、为结果负责。保持与公司目标一致，齐心协力，把业务做好。

第八节
合伙人的股权划分

合伙人的股权划分是很重要的一点，因为它牵涉每个人的利益，所以在合伙的时候应做好股权划分。我根据自己的经验，将股权划分分为以下三种方式，供你参考。

1. 出钱不出力

第一种情况是出钱不出力，这种对于创业初期来说比较少见。如果确实遇到了这种情况，比如合伙人很看好项目方向或创始人，但是没有精力参与或者项目上没有可参与的地方，只愿意出钱，那么可以把对方当作投资人对待，按照对股权投资人的方式处理。你先给公司制定一个发展规划和目标，以及第一年的资金使用计划，然后做一个公司估值。公司估值不要太高，根据出资人的出资金额给予相应的股份。我建议将这类股份控制在15%以下，因为项目初期还面临很多未知情况，如果给予的股份太多，对后续发展会不利。亏了是大家一起亏，赚了则按照股份进行分红即可。

2. 出钱又出力

第二种情况是出钱又出力，这种在创业上是比较常见的。合伙人愿意出钱又出力，说明认可项目或创始人，并且能在项目中承担一定的角色。这时创始人要根据实际情况看看自己能出多少钱，再决定让对方出多少钱，然后给予相应的股份。一般来说，创始人的股份多，出资应该最多；合伙人出的钱肯定比创始人少，但彼此的出资和股份应该是对等关系。根据对应的股份换算出应付的出资，才是合理的方式。不然创始人出得少，合伙人出得多，你的股份哪能比人家多嘛？建议创始人根据实际情况综合考虑，同时将这类股份控制在20%以下。最低的视实际情况而定，不建议太低。

出钱又出力的合伙人需要负责重要业务板块，否则发挥不出价值，股份设置应合理，以免影响对方的积极性。

3. 出力不出钱

第三种情况是出力不出钱，这种在互联网行业比较多见。这类合伙人通常是技术出身，相当于以技术入股的方式进行合伙，并能在项目中承担重要的角色。这种情况下，创始人就不能以出资金额来衡量给予这类合伙人的股份，而应根据其能力和未来能做的事情来衡量。但是，我建议最好让这类合伙人也出少量的钱，不用太多，最起码意思一下，表示对项目的认可和自己的诚意。同时，建议给的股份也不要超过20%，最低的根据实际情况而定，同样不建议太低。

股份不能给太多或者太少的原因有三点。其一，不能给太多，是因为要保障创始人在股权上的话语权。这一点很重要，而且越到后期越明显。其二，不能给太少，是因为太少合伙人会没有动力。没有动力，就很难把事情做好，影响公司的发展。其三，应留有足够的股份为将来做准备，比如融资、员工期权等。如果前期将股份都分出去了，后面也会很麻烦。

所以，对于出力不出钱，对方又是团队不可缺少、需要委以重任的合伙人，建议股份不高于20%。如果对方能出一点儿钱更好，不出钱也是可以的。例如，我在宠物行业积累了足够的经验和人脉关系之后，有一家宠物公司邀请我当合伙人，不让我出钱，并给了我一些股份。当时一共3个合伙人，我只要了15%的股份。太少我没动力干，太多我也觉得不合适，因为公司未来还需要融资等。15%对我来说可以了，不多也不少。

合伙人的股权划分是很重要的。给得太少，就算他加入了，后期也会没动力干或因为拿得太少而闹出矛盾；给得太多，对公司也不合适。建议划分股权时，一定要征询合伙人的意见，不能你觉得该多少就给多少，而是要与合伙人协商来定。同时一旦协商好，就要把丑话说在前面，后面大伙不得因为股份多少再扯皮。在合伙人协议中，建议明确写上"经过各方协商，创始人×××，合伙人×××，大家对股权分配都很满意，绝不因为股权而产生矛盾"之类的话。虽然看起来很虚，但是人都会要面子。大家在闹矛盾之前还是会考虑一下合伙协议上写过的这些话的。真的要闹开了，这段话拿出来，面子上绝对挂不住。我觉得写总比不写保险一些，反正就多几行字而已。

第九节
约定退出机制

为什么单独用一节来写退出机制？因为退出机制真的太重要了。有些合伙人退出机制不明确，导致后面出现很多问题。合伙企业必须重视退出机制。我个人根据经验总结了以下几种退出的情况，并且给予了建议。

1. 3年禁退期

创业需要时间沉淀，才能把项目做好，很难说1年、2年就能做出很好的成绩。所以，我建议合伙人在退出机制上设立一个3年期约定。比如，3年内不允许退出。如果合伙人在3年内执意退出，公司不进行任何补偿，包括其初期投入的钱等，并且其股份将无条件转让给剩余股东，由剩余股东进行平均分配。如果3年后选择退出，可以选择股份保留，继续参与分红，并享有股东的权益；或者将股份转让给创始人或其他股东，具体转让价格由彼此进行商量，但需经过其他合伙人同意；不得将股权转让给非本公司股东的第三方或外部公司。如有其他重大情况，合伙人之间再协商决定。

3年内不许退出是为了保障合伙人的决心和稳定性，这样公司才能发展得起来。在创业前期，合伙人的离开对公司的影响是很大的。举例来说，我之前做宠物公司，与合伙人就签署了这样的协议。基本上合伙人都会签署和遵守。也有特例，只是相对比较少。即使出现了，大家还有商量的余地，毕竟协议在这儿。

2. 经营不善转让或破产

公司发展期间，因某种原因导致经营不善，做不下去了或合伙人都不想做了，也是很常见的情况。毕竟，创业的失败率很高，什么情况都有可能发生。我的建议是发生这种情况后，大家一起承担亏损结果。合伙人一起妥善处理公司，将公司资产变卖或转让，所得收益根据股份进行分配，也就是大家共同承担风险，好聚好散。

3. 合伙人中途退出

如果合伙人中途因为某种原因需要退出，则按照退出机制的约定进行处理。例如，3年内退出，公司不予任何补偿，并且股份无条件转让给剩余股东，由剩余股东进行平分股权；3年后退出，股权保留，继续享有股东的权益。如果合伙人想将股份转让给其他人，自行沟通处理即可，最终须经创始人和其他合伙人同意。但是不允许把股份私自卖给其他人，公司层面是不承认的。

简单来说，3年内退出，净身出户；3年后退出，按约定执行。既然是创业，大家就要承担风险，创始人也是一视同仁。

4. 创始人中途退出

如果创始人因为某种原因需要退出，同样按照退出机制的约定来处理。正常来说，如果一个公司成立3年内创始人退出，说明公司一定出现了重大问题。当创始人退出后，大概率其他股东也不会接着干了，这种情况就按照公司经营不善转让或破产来处理；但如果有其他股东愿意继续干，那就按照正常约定来退出即可。

当3年后创始人想要退出，若公司经营得不好，基本还是按照经营不善转让或破产的路径走；如果经营得好，其他合伙人还想继续干，那么创始人就和其他合伙人进行沟通，看看怎样妥善处理。总之，创始人也必须遵守合伙协议，不能只用协议约束合伙人，而不约束自己。如果创始人退出，其他人愿意干，可以按照约定把股份给合伙人；如果合伙人都不愿意干，那就把公司卖了或者按照经营不善破产处理。具体情况需要创始人与合伙人友好地协商沟通，好聚好散。

我在做宠物公司时，也签署了这个协议条款，同样是约束了自己3年。但我觉得这样没什么，是很平等的。如果你自己都做不到，又怎么拿这个去约束合伙人呢？

"合伙人"这一章我写了很多，把个人对合伙人这部分的整体理解倾囊相授，但可能也只涵盖了现实中你会遇到的合伙人问题的一小部分。毕竟，合伙人这块的事情是很复杂的。希望我自己对合伙人的这些经验，能帮助你更好地合伙创业。合伙创业虽然有利有弊，但整体来说，肯定是利大于弊。如果你想把事业做得更大，合伙是必需的。虽然我曾遇到一些不太理想的合伙人，但我依然会选择合伙创业，因为我知道一个人做不大，也走不远。衷心希望每一位创始人都能找到优秀的合伙人，成就一番事业。

本章要点提炼

◆ 合伙人的概念及重要性

1. 概念：当选好赛道和切入点后，需寻找合伙人一起创业。

2. 重要性

（1）能力互补：弥补创始人短板，使创始人有时间和精力发挥专长。

（2）业务分配：根据每个人的不同能力合理分工，有利于项目运作和公司发展，且合伙人需承担风险。

（3）思想碰撞：合伙人能提供不同视角和建议，辅助决策，使决策更周全。

◆ 合伙人有什么标准

1. 心态稳定：能面对创业的不确定性，避免浮躁和抱怨而影响项目。

2. 做事踏实：具备实际动手能力，为结果负责。

3. 执行力强：能快速执行项目，解决问题，推动公司发展。

4. **不计较金钱**：不过分关注金钱利益，以公司发展为重。

5. **抗压力强**：能承受创业过程中的高强度工作和压力。

6. **有激情**：对创业项目有信心，保持积极的态度。

7. **有爱心**：善良、孝敬父母、关爱伴侣和孩子等，有利于营造良好的公司氛围。

◆ 如何寻找合伙人

（1）亲人：知根知底，但需符合优秀合伙人特点。

（2）同学：彼此了解，有利于项目前期发展和公司稳定。

（3）同事：了解彼此做事风格和能力，对创业起步有帮助。

（4）朋友：了解彼此的品性和做事风格，便于解决问题。

（5）注意事项：无论从哪个方向寻找，都必须符合优秀合伙人特点。

◆ 合伙人数的选择

1. **两人合伙**：决策快，前期优势明显，但中后期可能因意见不合出现问题。

2. 三人合伙：决策较快、稳定性强、分工明确，是较优选择。若创始人不擅长财务，可安排财务出身的合伙人。

3. 四人以上合伙：决策慢、意见难统一，不利于公司团结和发展。

◆ 如何管理合伙人

1. 决策：合伙人在业务范围内有决策权，重大决策由创始人决定。

2. 倾听：创始人决策时要倾听合伙人建议，综合考虑后再做决定。

3. 放权：创始人要学会放权，让合伙人在业务范围内自由发挥，同时做好监管。

4. 成立合伙人企业：将合伙人放在合伙人企业，主公司保留创始人和合伙人企业公司，避免因合伙人问题影响公司运营。

5. 对外行动统一：合伙人对外要口径统一、行动统一。

◆ 合伙人的权利与责任

1. 战略层面：合伙人有建议权，创始人有决策权，要避免因决策权产生矛盾。

2. 管理层面：合伙人有业务管辖权，同时要承担相应责任，做好沟通和管理。

3. 执行层面：合伙人有绝对的执行权，要为结果负责。

◆ 合伙人的股权划分

1. 出钱不出力：当成投资人对待，股份不高于15%。

2. 出钱又出力：根据出资和所承担角色分配股份，不高于20%。

3. 出力不出钱：根据能力和贡献分配股份，不高于20%，最好出少量钱。

◆ 约定退出机制

1. 3年禁退期：3年内不允许退出，如执意退出则净身出户；3年后可按约定退出。

2. 经营不善转让或破产：共同承担亏损，变卖或转让资产后按股份分配收益。

3. 合伙人中途退出：按退出机制约定执行。

4. 创始人中途退出：同样按约定执行，需与合伙人协商沟通。

第四章

低成本启动

最小成本验证商业模式

第一节

什么是低成本启动

有些创业者在初期投资很大，弄得表面风光、花里胡哨，结果业务做得一塌糊涂。最终钱花了不少，却没有做出什么成绩来。创业初期一定要戒骄戒躁，宏图之志要有，但也切记一口吃不成胖子，得一步步来才行。创业项目的推动必须有规划，分阶段、分步骤地展开。

对于普通人来说，因为资金和人脉都比较有限，所以低成本启动项目很重要。在你对赛道还没有很清晰、直观的认识前，盲目地投入大量资金是一种很不明智的做法。创业不能仅凭一腔热血，拍脑门就扎进去干。这样很容易导致前期成本过大，后期陷入资金、人员方面的困扰中。

创业前期探索有效的商业模式是最重要的。低成本启动对于普通人来说是最合适的方法，可以用最小的成本和最快的速度去试错，来验证项目的可行性。它有以下三个优点。

1. 试错成本低

低成本启动所需的资金足够少，花费的时间也足够少。用最短时间把初期的商业模式搭建起来，如果商业模式哪里有问题，还可以通过反复的低成本投入来测试。这一点对于普通人来说非常关键，如果前期就进行大量资金投入，过程中一旦出现问题，带来的资金压力和时间成本会很大。创业之路很漫长，未来需要用钱的地方很多。在前期采用低成本启动，可以更好地节省资金、资源等成本。

2. 速度快

时间对于创业来说是非常宝贵的。如果你在创业前期花费了大量的时间，最终发现商业模式有问题，然后需要重新来过，那么前期投入的人力、物力、财力等损耗会非常大，到那时所有人都会非常地头疼。所以，你需要在很短的时间内得到相应的结果。如果过程中有问题，可以不断地进行调整和优化，这也是创业初期不可或缺的一点。这时低成本启动的优势就凸显出来了。低成本启动采用的方式一般会比较简易，执行起来会很快，花费的时间相对较少，这样在速度和效率上就占据很大的优势。

3. 船小好掉头

低成本启动投入的资金和时间相对较少,如果在商业模式的探索方向上出现什么问题,因为业务规模还很小,可以对商业模式和方向进行新的打磨和调整,再去进行有效性的验证。低成本启动的重要性之一,就在于即使出现问题,也能很快地调整方向,可以更好地帮助你的项目找到适合的路径,同时还能节省大量的资金和时间,降低创业失败的风险。

第二节
如何低成本启动

在赛道、切入点和合伙人都确定的情况下,接下来就是启动项目了。如何进行低成本启动呢?这里给你以下几点建议。

1. 解决核心问题

你首先要弄清楚,这个项目能不能干成的核心问题是什么。

用低成本的方式进行有效的摸索和尝试，想办法把这些核心问题解决好。毕竟只有把核心问题解决好，项目才能落地。一般项目的核心问题就那么几个，其他的都是不重要的。切记，要看到事情的本质，不要把时间都花在没用的事情上，最后发现核心问题却没有解决。

2. 最简单

为什么要用笨方法呢？前期最重要的是解决核心问题，验证商业模式（也称MVP，最小可行产品）。没必要花那么多时间在战略和战术上，那在我看来是浪费时间。笨方法其实挺好的，不用怎么动脑筋，直接干，看看问题能不能解决、模式能不能跑通。哪里有问题就快速解决，等到核心问题可以解决、模式可以跑通了，再用战略和战术加快推进即可。

笨方法不一定没有效果，有时候它会粗略一些、慢一些。很多时候，笨方法比其他方法更有效，只是可能无法规模化复制。创业前期最重要的是先把项目启动起来，解决核心问题。所以，没必要用多么高明的手段，用回归本质的笨方法去解决更好。如果笨方法启动起来效果很好，后面再换成更高明的方式，也来得及。前期笨一点儿、慢一点儿，也更有利于合伙人之间的磨合以及对项目的深度理解。

3. 有效性

低成本启动采用的方法，一定要注意有效性。有效性是低成本启动里最关键的环节。简单来说，找到项目要解决的核心问题后，你要采用有效且精准的方式去解决这个问题。如果你的方法不够有效或者精准，那么就很难获得你想要的结果。所以，在这期间需要多思考。即使方法笨一点，也要确定是有效的方法；如果不是有效的方法，所有的付出都等于零，反而会白白浪费大量时间和精力。

至于怎样才是有效的方法，需要结合实际情况，看它是否解决或验证了你的核心问题。我的建议是多想几个办法，在同一时间进行测试，这样才能更好地确定哪个方法是最有效的。

4. 最省钱

低成本启动的方法和策略上，我认为还要具备最省钱这一点。为什么前面提到建议用笨方法？因为笨方法省钱。如果用高明的方式，相对来说资金和人力成本就会更大，在创业初期是不太明智的选择。创业未来会用到钱的地方有很多，多到你无法想象。所以，最省钱是至关重要的一点。在初期项目启动时就能学会节省开支，先用最省钱的方法去解决核心问题，这是一个创业上的好习惯。我们在创业的道路上会深有体会，千万不能到了穷途末路才明白，一定要在开始的时候就学会省钱，这样未来的路会走得更稳当些。

我在刚做宠物医生学习交流平台的时候,虽然觉得是一件不错的事情,但是也不知道能不能做得成。我的核心问题有两个:一是提供宠物医生的课程从哪里来?二是如何让宠物医生使用我们的小程序?我采用的笨方法是先从网络上购买大量的宠物医生课程,特别地便宜,十元能买上千G视频内容的那种。然后,我花了6000多元开发微信小程序,把课程放进小程序里面。之后,我从美团平台上收集大量的宠物医生电话,挨个打电话给他们,让他们来使用我的小程序。总共也就用了1个月,我就验证了整体的模式。在确定商业模式可行以后,我后续又逐步更新了软件、寻找宠物医生专家签约、售卖宠物医生付费课程,等等。我采用的就是低成本启动,用笨方法去解决核心问题和验证模式的可行性。

虽说每个创始人的创业资金预算不同,但大多数人的创业资金始终是有限的。前期的房租、人员都会占用大部分成本,整体的资金盘用一分就会少一分。在项目没有盈利的时候,合理使用资金是很重要的。上班解决的是生活问题,但创业首先要解决的是生存问题。能不能生存下来都是很大的问题,更别谈生活了。所以在低成本启动时,撇开自己有多少资金不说,一定要把成本花费压缩到极致。什么钱不该花,什么钱该花,该花的有没有更省钱的方式来解决问题……不管是什么问题,在花钱上一定要非常谨慎。该花的花,不该花的一分也不能花。这与花多少钱没关系,而是要考虑花得值不值,能不能少花点儿也解决问题。

希望你从低成本启动时就意识到钱的重要性,做出合理的资金使用计划。不能只考虑眼前，而要多考虑未来，不能太盲目乐观，一定要考虑最坏的结果。低成本启动有助于培养创始人在创业过程中省钱的习惯，一个会省钱的创始人会让项目活得更长久。

5. 躬身入局

当你开始低成本启动，说明已经有了方法和方向。这时你一定要躬身入局，也就是说，亲力亲为地去做。抛开自己过去的身份和高度，抱着谦卑和学习的心态，去认认真真、脚踏实地地深入项目从头做起。你不躬身入局地去了解，就不能发现更多问题和细节，就很难有深入的思考，项目就很难做得更好。从头到尾地介入项目中，有利于你对项目的理解，同时因为事情特别烦琐，还能磨炼你的性子。这样在未来遇到各种各样的问题时，你才能更好地去处理和解决。

创始人必须亲自去做，才能把整个流程摸清楚，因为没有人会比你更用心。

第三节
低成本启动的核心目的

在写这一章时,我想了很多,包括自己创业这么多年,创业初期所考虑的问题和目的,也想了很多到底要怎样表达观点和想法,才能让读者更好地理解低成本启动的目的。本来想说的话很多,但当我坐在电脑面前去写这一章的时候,发现一切又不一样了。原本的有些目的并不是那么重要的,目的多了也不是好事,而是应该回归项目的本质。

我认为低成本启动要达到的目的只有一个,就是验证商业模式的可行性,其他的都不太重要。项目的商业模式是你创业的重中之重。在你没有下手去做之前,肯定已经研究过项目模式,有了大概的雏形。不过,理论和实操还是不同的。如何将你的创业想法真正落地,去验证商业模式的可行性,才是低成本启动期间最应该弄清楚的。

"商业模式",商业在前,模式在后。如果说"商业"等于钱,那么"模式"等于用什么样的方式去赚钱。商业模式可行性分为两点:第一,这么干到底行不行;第二,这么干能不能赚到钱。

我认为其中最重要的是能不能赚钱，其次才是这么干行不行。我之前创业时，只考虑了这么干行不行，花了大量时间和精力琢磨怎么干，而对于能不能赚钱考虑得很少。结果导致前面都做得挺好的，但就是不太赚钱。所以，我认为这两点在创业中应该反过来看。

我们不能按照大公司的做法去创业，大公司很多是先考虑行不行，再考虑赚钱不赚钱。普通创业者应该反过来，资金少、人脉少，创业的时候必须考虑先赚钱的问题，再考虑其他问题。"商业模式"的验证，应先验证商业的可行性，即能否赚钱、能赚多少，再去验证模式的可行性。这两点都验证好了，最后根据你的预期来调整商业模式，这样才是更稳妥的创业方式。

希望每一位创业者在创业初期都能学会用低成本的方式去启动项目，用最省钱、最笨的方法去解决核心问题，用最短的时间去验证商业模式的可行性，有问题就认真调整，最终安然度过项目从0到1的阶段！

本章要点提炼

◆ 什么是低成本启动

1. 概念：对于资金和人脉有限的创业者，用最小成本和最快速度试错，验证项目可行性。

2. 重要性

（1）试错成本低：投入资金少、时间短，若商业模式有问题，可反复低成本测试，避免大量资金和时间成本的压力。

（2）速度快：方式简单、执行快，能快速验证模式是否可行。

（3）船小好掉头：出现问题时可快速调整商业模式和方向，节省人力、物力、财力。

◆ 如何低成本启动

1. 解决核心问题：找到影响项目成败的核心问题，用低成本方式尝试解决。

2. 最简单：前期可采用粗略的笨方法，虽可能无法规模化复制，但能启动项目，后续再用高明的方式推进。

3. 有效性：方法一定要能解决核心问题，可多想几个办法同时测试，确保有效性。

4. 最省钱：采用省钱的方法和策略，把成本压缩到极致，制订合理的资金使用计划，培养省钱习惯。

5. 躬身入局：创始人要亲力亲为，以谦卑和学习的心态深入项目，发现问题和细节，有利于项目理解和自身成长。

◆ 低成本启动的核心目的

验证商业模式的可行性，即先看能否赚钱，再看是否可行。

第五章

降本

用减法来聚集目标

第一节

降本三大好处

这一章主要讲述如何"降本"。降本的含义，简单来说，就是给公司全方位做减法。不仅仅是资金层面的降本，而是在战略、管理、执行、人力、运营、资金六个层面全方位做减法，从而达到降本的效果。

我们在创业过程中，要深刻理解降本的重要性。降本是公司的最后一道防线。如果在创业过程中不会降本，后续公司出了问题就会很麻烦。对于普通人来说，创业路上的第一课就是学会降本。接下来具体讲讲降本有哪些好处。

1. 项目依赖性更低

在创业进程中，随着项目的持续推进与发展，项目对人力成本和运营成本的需求不断攀升。此时，成本投入与公司对项目的依赖程度呈显著的正相关关系，即成本投入越大，公司对该项目的期望值也就越高，项目所承担的责任也就越大。若能从一开始就以降本思维来管理项目，从源头上做减法，削减不必要的成本投入，那么相比于同等规模或体量的公司，你的公司无疑将成为生存压力最小的那一个。这便是我们所说的"轻"。从业务依赖度来说，你的公司在同行竞争中会更具有优势。

毕竟，创业本身是一个充满不确定性因素的过程。随时可能因行业政策、市场需求等而调整公司的业务情况，严重时甚至会缩减项目投入，乃至改变项目方向。对于初创公司来说，变得"轻"十分重要。不过，这里的"轻"需根据你的赛道和阶段的实际情况来考量，在与同行对比或检查结果之后，做出合理的降本举措。切不可为了降本而降本，从而忽略了业务本身。在下一节中，我会提供一些降本的方式，以供参考。

2. 业务模式更灵活

降本所带来的效果，除了使公司达到最"轻"状态之外，还有显著的一点。那就是会让公司的业务模式变得更为灵活。对于初创企业而言，初期关键在于验证业务模式。如果你从最初便遵循"最小成本法"来把控项目的投入与运转，那么业务的整体运营方式会更为轻盈，进而促使公司从上到下都更加灵活，业务探索的机动性也会更强。

在创业初期，企业运转的灵活性提升，那么遭遇问题时，凭借这种灵活性能更快地做出调整并更新解决方案，在同类竞争中发挥出强大的优势。相反，如果在初期不够灵活，那么后期将会带来诸多问题，不利于公司业务的规模化增长。

3. 公司运作更高效

降本的第三个好处，在于让公司更高效地运转。追求极致效率无论是在创业初期、中期还是后期运营公司的过程中，都是至关重要的一点。在竞争日益激烈的情况下，如果能用"最小成本法"来加快公司整体业务的运营速度，实现更高效的运转，不仅在初期阶段意义重大，更有利于公司未来的发展。而且越早开始注重公司的运作效率，就越有利于保障公司长远的发展。倘若到后续规模变大后，才发现企业运转速度很慢、效率低下，再去解决问题，那么付出的代价将是巨大的。高效的运作模式对于公司发展至关重要。我们要学会以降本的方式来提高公司运转效率，如此一来，在未来竞争或遇到棘手问题时便能多一分把握，企业的发展也会多一份保障。

第二节
降本只是省钱吗

我所理解的降本是从不同的角度来看待问题，从而找到降本的关键点。这里的角度主要分为横向和纵向两个维度。

1. 横向层面

一个公司的运转可以分为两个维度。一个维度是横向，涵盖了公司的战略层面、管理层面和执行层面。这三个层面是公司能否长远发展的关键。从战略决策，到决策后的结果管理，再到执行目标，每个环节都很重要。我将这三个重要环节归为一类，称之为"横向层面"。横向层面是否能实现从战略布局到执行落地，关系到公司的生存命脉。其中不确定因素众多，这也是公司运作中最为困难的事情，即便是大公司也不例外。若能够把握好横向层面，你的公司发展会产生从量变到质变的突破。

希望你早早意识到横向层面的重要性和难度，从一开始就一点点地去琢磨和实践，通过横向层面的降本逐步朝着最好的结果迈进。只要肯下功夫，相信假以时日，你一定会做得越来越好。

2. 纵向层面

另一个维度是纵向，涵盖了资金层面、人力层面和运营面层。我把这三个点归为一类，称之为"纵向层面"。如果说横向维度决定公司能否发展得长远，那么纵向维度就决定了公司能否发展得良好。纵向的资金、人员、运营三个层面是公司运作的地基，支撑着横向层面的延伸及发展。这三个方面的投入是实实在在看得见的，因为纵向面的存在，公司的战略决策才能从上到下贯穿到位。横向面看的是未来，把控企业的未来发展；纵向面看的是当下，就是把眼前的事情做好，来配合横向面的发展。降本不仅要从横向层面着手，还要从纵向层面发力，只有这样公司整体的运作效率才更高。

企业的横向层面与纵向层面是相辅相成、互相影响的。一个企业一旦形成了自己的运营方式，就很难改变。所以，从一开始就对横向层面和纵向层面进行有效降本，对于公司的未来发展至关重要。

第三节

横向降本

在上一节中,我讲到了横向和纵向降本这两个维度。以下就展开谈谈横向维度,希望能为你在降本方面提供一些初步的思路,让你能有更深入的认识。

1. 战略层面

战略层面是指公司发展的方向和目标。通过制定短期战略到中长期战略,让公司一步步地朝着目标前进。很多人常说,"战略要清晰,方向要明确"。但实际情况是,要么战略不清晰,要么方向不明确。有些创始人虽然给公司制定了很长远的发展战略,但事实上用上的却不多。执行战略需要资金、人力、运营各方面的投入,而市场千变万化,有很多不确定的因素。因此,并非每一次投入都能有很好的结果,导致很多战略往往执行不下去。所以,在创业初期要学会从战略层面降本。

战略层面的降本就是减少战略规划,集中到一个核心点上,做单点突破,最多不超过两个点。通过减少在多个战略方向上的目标或规划，抓住核心的1~2个点作为短期和中期的战略目标，可以更好地进行战略部署和管理，对于公司的整体运营起到简化的作用。创业的前期不能什么都想要，如果什么都要想，最终可能什么都做不成，得不偿失。从战略层面开始，就将你有限的资金、资源、时间和精力集中于为核心点服务。对于初创公司而言，团队的经验有限，业务模式也有待验证，太多或太长远的战略反而会让公司在探索发展的过程中受到更多束缚，造成顾此失彼的局面。这也不利于创始人、合伙人以及团队之间的协同配合，会阻碍了创业前期的发展。

2. 管理层面

管理层面是指战略的下放统筹，即为战略结果做管理。如果说战略的制定是看眼光，那么管理就是看处理问题的能力。中高层管理者将战略的下放统筹中遇到的大大小小棘手问题都处理好，达到战略规划的目标。而处理问题的能力，主要体现在向上沟通和向下管理两个方面：向上沟通，领悟战略方向和预期；然后向下管理，去实现目标。

管理层面的降本是以结果为导向，降低感性思维，更加理性、冷静地看待问题。中华文化博大精深，我见过很多创始人和管理者在人情世故方面做得很好，对员工、下属很不错。比如，他们觉得某某很不错、值得培养，但那个人的业绩最终并没有达到管理者的预期，目标结果没能实现。还有的管理者觉得某下属不错，就花了很多时间和精力去培养，结果最终人家觉得理所当然，甚至有的还觉得管理者给的不够。最后双方闹得很不好，不仅目标没完成，还寒了自己的心。

没有员工的尽心尽力，就没有阶段性成果的达成，公司的发展壮大更是遥遥无期。我经过多年的经验总结发现，合适又优秀的人，一定是选择出来的。必须先筛选，再培养。不能随便培养一个人，培养的前提是他的工作做得很到位，能够达到你的要求和目标。不能因为感觉谁不错，就去培养谁。一切应该以结果说话，要理性地看待问题，而不是感性。

初创公司的生存压力较大，更需要优秀的员工一起协同工作，才能更好地向前发展。管理层面的降本主要分为两方面：一方面是降低感性思维，理性地选择团队人员。学会以80%的理性和20%的感性思维去看待问题。另一方面是以结果说话，否则会给管理造成很大的问题。

3. 执行层面

执行层面对于公司是很重要的，我个人也是很注重执行的人。执行层面是指根据公司的发展方向和管理层的要求，做出具体的行为，以实现公司的目标。执行层面最重要的是执行速度和执行结果。为了保障执行速度和执行结果，你需要从执行目标上做降本。即减少执行目标，每次给予执行人员1～2个目标。太多目标会分散他们的精力，将时间和精力集中到1～2个点上，才能提高执行效率，从而更好地完成任务。等执行人员把任务完成了，再给予其他执行目标；如果任务完成得不好，也能快速分辨到底是事情有问题，还是人员有问题，从而快速做出调整。在执行环节也需要降低管理成本，做好目标管理和进度管理。管理者不能插手和干涉太多，将执行人员变成牵线木偶。只有给予执行人员足够的自由发挥空间，才能更有效地调动他们的主动性和积极性。然后，根据阶段性的进展情况，针对不好的结果具体问题具体分析，及时地调整。

综上，横向维度建议从战略、管理、执行三个层面来降本。战略层面是将规划集中于1~2个核心点，避免过多长远的规划；管理层面则以结果为核心，降低感性思维，从团队人员选择和结果导向两方面降本；执行层面是减少目标结果数量，以目标为导向进行管理，不要干涉太多，以提高人员的主动性和积极性，并根据结果来调整。

第四节

纵向降本

纵向维度的降本包括资金层面、人力层面和运营层面，以下依次解释一下。

1. 资金层面

资金层面是企业发展中需要特别关注的。特别是创业前期，在资金有限的情况下，如何使用资金是很重要的一件事。我也是经历了许多事情之后，才真正意识到资金层面的降本是多么重要。资金层面的降本，顾名思义，就是减少资金的投入和使用。

降低公司资金的投入，保持公司有充分的资金应对未来发展和紧急情况。在企业的未来发展中，存在很多未知因素。如果想在未来的生存中多一分把握，或者想生存得更好一点儿，那么资金的多少就尤为重要。创始人从创业之初，便应养成减少资金使用和投入的习惯，来保持公司拥有很好的资金储备。在花钱之前，先别考虑公司有多少钱，而是考虑这四点：第一，这个钱是不是非常有必要花；第二，这个钱花了值不值；第三，有没有方法不花钱把事办了；第四，能不能少花点儿钱，也达到同样的目的。

看到这里，可能有人会说："这不就是抠门吗？"这还真不是抠门。企业该花的钱一定要花，不该花的钱一分都不要花。而且，该花的钱也需要考虑花钱目的，以及能否少花钱也达到目的。请明白一个道理，赚钱的速度永远赶不上花钱的速度。花钱容易赚钱难。所以，在花钱上请谨慎、再谨慎，能省则省，绝不乱花。创业初期用钱的地方特别多，而盈利又特别少，甚至不盈利。如果你大手大脚地把钱花出去，能确保都赚得回来吗？如果赚不回来，资金链断了怎么办？所以，在花钱之前，请想想我说的那四句话。资金层面重点就谈这么多，后面还有"财务管理"一章，会阐述资金管理的细节。

2. 人力层面

人力成本是公司固定支出里的大头。人员越多，支出越大，有些公司忙活了一年，到头来一算账，挣的钱全给员工发工资了，没有多少盈余，结果变成"老板给员工打工"。人员过多不仅增加了开支，也导致了管理成本的增加。所以，人力层面的降本是必须考虑的。

人力层面的降本最重要的是优化投入产出比（ROI）。投入产出比是这个员工给公司带来的收益与其成本的比率。这个人员的投入是否真的给公司带来了更多的创收？对于非直接为公司带来收益的人员，可以通过公司的整体人员支出算出人均投产比，再进行相关岗位或人员的调整。

考察人事效率，先看人员投产比，再看其工作饱和度。简单来说，当招了4个人在干同一件事情时，先看看4个人的平均投产比如何。如果投产比不高，就要看看4个人的工作是否饱和。如果产出不高，工作也不饱和，就要考虑下是不是让两个人干就行。这样投产比的问题就解决了。人员的投产比越高，说明其工作价值越大。如果投产比低，先不论工作饱和度，说明公司在人员管理和人员投入上就有很大问题。如果投产比低而工作饱和度又高，我认为可能是公司的大方向上出了问题。这时候创始人就需要好好思考下了。

总而言之，人力层面的降本重点看投产比。根据公司的体量来考虑投产比的效果，学会减少人员方面的投入，不能盲目地投入和扩充人员。控制好你的投产比，投产比越高越好。但是也切记，绝不能压榨员工，相应的产出要给予相应的待遇。这样才是公平的，员工也愿意跟公司长期走下去。不能为了降低人力成本而降低人力成本，那只会得不偿失。降低人力成本的目的是让公司更合理地控制生产效率，让真正优秀的人留下来。驱逐那些"劣币"，让公司更健康、更良性地发展，千万不能本末倒置。

3. 运营层面

这里的运营层面不含人员成本和资金成本，单指运营本身。前两者牵涉的东西较多，所以都分开讨论了。运营层面涉及的事务非常多。我个人是做运营出身，大部分运营工作都多多少少接触过，或者了解过。运营是一件很细致、很繁杂、需要思考的工作。既需要动手，也需要动脑。在上上下下和各部门以及对外沟通时，会遇到非常多问题，导致运营的效率特别低。

根据这么多年的积淀，我认为要想在运营层面实现全方位的降本，需要从运营标准化入手。建立运营标准化流程是至关重要的。在创业初期建立运营标准化流程后，可以随着项目进展不断地完善和优化，来提高整体的运营效率。这样各个部门的沟通和协调会更加顺畅。所谓"运营标准化流程"，就是这个事情要怎么干，通过第一步、第二步、第三步来一步步地建立流程标准。

运营标准化在建立时，要考虑流程的效率和运营的效果。有了运营标准化流程，对于公司复盘、业务对接、人员交接等都会有非常大的帮助。它能真正地帮助你从运营本身来有效降本，提高运营的效率和成果。每个公司的情况不同，你可以根据现实来考虑，如何制定适合自己的运营标准化流程。这对于公司的现在发展和未来发展都很重要。我见过一些发展特别好的公司，它们的运营标准化流程都非常完善，公司的运营效率也很高，发展速度又快又稳定。

运营标准化流程一定要创业初期就开始建立，后面再根据公司实际情况进行调整，这样对公司的未来发展帮助很大。

综上所述，纵向维度可以从资金、人力、运营三个层面来降本。企业在创业前期，资金层面降本是减少投入，花钱之前考虑必要性等四点，以保持资金储备；人力层面降本重点看投产比，避免盲目投入，并且不压榨员工，以促进公司的健康发展；运营层面降本则是建立运营标准化流程，提高流程效率和运营成果，促进组织的沟通协调，这对公司的发展至关重要。

第五节
降本的四个目的

1. 减少公司开支

这是降本的第一个重要目的。通过降本的措施，减少不必要的开支和资金浪费，让公司拥有更多的资金，以应对未来发展中的变化，这是创始人必须学会的一课。有效地降低成本可以更好地维持公司的发展和运营。创始人需要明白一个道理，如果公司没了，没有人会替你承受。所有的风险和一切失败后果都需要你独自承受，所以一定要学会降本。资金多一分，风险就少一分，对于未来的把握也就多一分。

2. 简化沟通和管理

通过横向和纵向两个维度降本，你可以减少团队之间各方面的沟通成本和管理成本。特别是在初期创业，更应该把时间花在行动和结果上，而不是花在沟通和管理上。创始人应该更加注重执行和结果。如果创始人在前期把大量时间花在沟通和管理上，我个人觉得是不对的，肯定是哪里出了问题。毕竟，前期就那么几个人，哪里需要那么多时间去沟通和管理呢？

3. 聚焦目标

从横向层面的战略、管理、执行，到纵向层面的资金、人力、运营，在每个层面进行聚焦，从而形成整体聚焦，以集中摸索出规则。这在项目初期是非常不错的一件事。通过初期不断地思考和深耕，公司一点点形成自己的风格，这样在商业模式跑通之后，能够更好地发展；即使商业模式没有跑通，我相信在这种状态下，也能及时地调整，寻找更好的商业模式来继续发展公司。

4. 提高效率

降本要达到的第四个目的就是更高效。我之前反复提到过，小公司相比于大公司，最大的优势就是人少、行动快，做事情更高效。而降本的目的，就是把高效优势继续放大，让公司在与同类型公司或大公司的竞争中处于更有优势的地位。创始人也一定要理解，高效对于创业来说是非常重要的，外部的所有合作公司都喜欢与更高效的公司合作。无论公司的内部发展，还是外部合作或同行竞争，更高效都至关重要。

综上，降本可降低公司的开支成本，减少沟通和管理成本，使公司目标更聚焦，并放大高效优势。创始人需学会降本方法，以应对风险，维持公司发展和运营。在创业初期应注重行动和结果，从横纵维度聚焦各层面，提升公司在发展、合作与竞争中的优势。

很感谢看到这里的读者们。我个人经验有限，有些地方或许不够深刻，不过我会继续努力地分享出来。我写的内容都是踏踏实实的，也是希望能帮助您在创业中少走一些弯路。下一章会从"增效"角度细述，如何让您的企业效益最大化！

"

本章要点提炼

◆ 什么是降本

1. 概念：从战略、管理、执行、人力、运营、资金六个层面全方位给公司做减法。

2. 重要性

（1）项目依赖性更低：对项目依赖性降低，在同行业竞争中更具优势，生存压力更小，但需结合赛道和阶段合理降本。

（2）业务模式更灵活：公司业务模式更灵活，在创业初期能更好地调整方案和应对竞争，初期不灵活会阻碍业务规模增长。

（3）公司运作更高效：创业初期运用"最小成本法"加快业务运营速度有利于公司未来发展，越早注重效率越有利。

◆ 如何降本

1. 横向维度降本

（1）战略层面：将战略规划集中在1~2个核心

点，避免过多战略和长远规划，将有限资源集中为核心点服务。

（2）管理层面：以管理结果为重心，降低感性思维，从人员选择和结果导向两方面降本，理性看待问题。

（3）执行层面：减少执行目标结果数量至1~2个，以目标为导向管理，不干涉太多，提高人员的主动性和积极性，根据结果及时调整。

2. 纵向维度降本

（1）资金层面：减少资金投入和使用以保持储备，花钱前考虑必要性、价值、能否不花或少花。

（2）人力层面：重点看投产比（员工收益与成本占比），先看投产比再看工作饱和度，避免盲目投入和扩充，控制投产比，不压榨员工。

（3）运营层面：从建立运营标准化流程入手，提高运营效率、促进部门沟通协调，根据公司情况制定和调整流程。

◆ 降本的四个目的

1. 减少公司开支：减少不必要开支和资金浪费，维持公司运营，降低风险。

2. 简化沟通和管理：减少团队之间的沟通和管理成本，创业初期应把时间花在行动和结果上。

3. 聚焦目标：从横纵维度各层面聚焦，形成整体聚焦以摸索规则,有助于项目初期形成公司风格,利于商业模式发展。

4. 提高效率:放大小公司的高效优势,在竞争中更具优势,创始人应理解高效对创业的重要性。

第六章

增效

做一家可持续发展的公司

第一节
增效三大方向

无论是降本还是增效，最终的目的都是让公司更健康、更加良性地向前发展。如果说降本是通过各种方式给公司做减法，那么增效就是从更健康、更良性的角度来给公司做加法。增效不应单纯地从效益和效率两方面看，而应该从综合的增长目的来考虑。

我认为增效的内容方向有三个。坦白地说，因为经历和阅历有限，我对于增效的理解或许不够深刻，只是从个人角度介绍一些实践经验。希望你能从这些微薄的建议中学到一点内容，再结合自身的体会获得更深的感悟。

1. 增加公司资金储备

这一点无论是在创业刚刚起步时，还是已经进行到中期、后期，都有着至关重要的意义。要知道，公司的储备资金越多，在未来的长远发展和长远规划中就会拥有更大的优势。如今的创业大环境和从前相比，真是发生了天翻地覆的变化。每一个创业者都应该认识到，必须高度重视公司的资金储备问题。回想过去几十年，很多人创业时可能把心思放在公司规模做大上，眼睛只盯着现金流，对于公司到底能不能盈利、有没有足够的资金储备不太在意。但是现在情形不一样了，外部可吸纳的资金没有过去那么充裕了。所以，我们看问题的角度也得跟着改变。

在当前这种创业形势下，要格外注重公司的盈利情况和资金储备情况。这样公司才能在竞争激烈的市场中站稳脚跟，迎来更好的发展前景。如果你不重视资金储备，一旦遇到突发情况或市场波动，公司就可能陷入困境。而且，有了足够的资金储备，公司还可以在合适的时机进行战略扩张，抓住更多发展机遇。总之，对于创业者来说，重视公司的资金储备是至关重要的，这关系到公司未来的命运。

2. 提高公司稳定性

这里的稳定性可不是光指资金方面，而是撇开资金层面，从公司其他各个方面综合考虑的整体稳定性。不要以为公司规模大了，就一定稳定；也不要以为公司小、人员少，就一定稳定。在我看来，公司的稳定性与整体架构、流程设计、业务多元化以及收益多元化都有很大关系。只有公司的稳定性提高了，才能真正实现高速发展；如果公司的稳定性不行，一旦出现问题，虽然储备资金能暂时缓解一下困境，但是解决不了核心问题。

如何提高公司的稳定性呢？比如，好好规划一下公司的整体架构，让各部门之间的协作更为顺畅；设计合理的流程，让工作效率更高；积极拓展多元化的业务，不要把鸡蛋放在一个篮子里；同时，努力实现收益的多元化，这样即使某个业务出问题，还有其他的收入来源支撑着公司。只有将这些方面都做好，公司才能真正稳定下来，持续健康地发展。

3. 提高公司发展能力

公司的发展能力应从两个方面去看。一方面是看公司有没有不断往前发展的本事。这点还是关系到前面所说的，持久的资金储备能力和不断维持综合稳定的能力。只有这两方面都做得很不错，公司才能好好地发展。另一方面则是人才实力。打个比方，如果把公司平台比作武器，那么好武器得给优秀的人拿着，才能真正发挥出它的价值，实现你想要的目标。如果人才不行，就算给再多的资源和条件，也很难达到你想要的结果。所以，提高公司的发展能力必须重视人才的引进和培养。

有了足够的资金实力，公司才能去开拓新的业务、进行技术创新；有了足够的稳定能力，公司才能在发展的过程中不轻易被各种问题打倒；而有了优秀的人才实力，才能把公司的资源充分利用起来，发挥出最大的效益。当这几方面都做好了，公司才有可能实现基业长青。

总的来说，增效的三个方向分别是增加公司资金储备、提高公司稳定性、提高公司发展能力。在当前创业环境下，创业者应注重盈利和资金储备，以利于长远发展；公司稳定性与整体架构、流程设计、业务及收益多元化有关，提升稳定性可实现高速发展；公司发展能力需综合考虑资金能力、稳定能力和人才实力，三者兼备才能实现基业长青。

第二节

如何增加资金储备

如何增效包括增加资金储备、提高公司稳定性、提高公司发展能力这三点。接下来依次详细解释一下，首先是如何增加资金储备。

1. 扩大营收规模

营收规模是资金储备的关键要素之一。企业追求营收规模是为了有效地获得更多收入和市场影响力。营收规模与企业大小、产品结构、竞争规模和发展规模息息相关。要想拥有足够的资金储备，你需要扩大业务规模、优化产品结构、提高企业核心竞争力，以及扩大市场影响力。

如果企业的营收规模太小,即使产品利润再高,按照比例换算下来,公司整体的营收资金也不会太多。所以,首先要考虑让营收规模足够大。但是,也不能为了规模而规模,而是要在保障有足够毛利的基础上,有策略性地、有效地使用储备资金。

2. 增加毛利润

公司的毛利润是指主营业务收入减去主营业务成本所剩余的利润。毛利的多少对于评估企业的营收状况非常重要。只有毛利足够多,才能支撑后期业务的扩大。所以,初创公司在发展过程中,不仅要追求营收规模,更要考虑该营收规模下真正能给公司留存多少钱。如果规模大而毛利非常小,则公司的可支配资金预留不足,后期面对风险会非常被动。增加毛利的手段有降低产品营销费用、调整产品销售结构,等等。

3. 增加净利润

当你的营收规模上去了,业务毛利润也上去了,但是公司整体开支太大,人员、运营等成本高,也不利于可支配资金的储备。净利润是指企业当期利润总额减去所得税后的金额,利润总额在毛利的基础上进一步扣除了人员成本、管理成本以及其他公司日常维护成本。只有营收规模足够大、毛利润足够多并且净利润足够多,公司才能真正实现增加资金储备,实现健康良性的发展。

总之，企业要重视营收规模、毛利润和净利润。营收规模关系到资金储备和市场影响力，但不能盲目地追求；毛利润可以评估营收状况，初创公司需兼顾规模和留存资金；净利润对资金储备和企业健康发展是最重要的，你要在提升规模和毛利的同时控制所有成本。

第三节
如何提高公司的稳定性

1. 组织架构的稳定性

组织架构的稳定性对于公司的稳定性很重要。创业初期可能因为业务方向等方面的调整而变动组织架构，这是无可厚非的。但是，公司的组织架构是公司发展的骨架，必须清晰，不能混乱。哪怕前期一人身兼数职，也应有非常明确的组织架构。组织架构主要是为了配合战略规划更好地执行落地。公司创始人及合伙人不宜频繁、随意地调整组织架构，这样下面的员工才知道，公司虽然规模小，但是规章制度齐全、组织架构清晰，他们才愿意跟着公司长远走下去。

2. 人员的稳定性

公司各个板块的业务人员要配备齐全。前期人员少，每人身兼数职也可以，但一定要有明确的业务负责人，以免职责不明导致工作跟进模糊、无法达成工作目标。此外，要保障人员的稳定性，让业务保持健康和良性的发展。不能出现人员短缺，导致业务无人执行的状况。如果前期人少，可以不开展那么多业务。要提升人员的稳定性可以考察人员的职业规划是否与公司的目标和岗位相匹配，然后从薪酬福利、团队建设、企业文化等方面增加人员对公司的归属感。

3. 流程的稳定性

工作流程的稳定性更多是为了减少内耗，让岗位上的每个人都能各司其职。初创公司的管理和业务建议追求标准化和流程化，这里的流程主要是指部门、项目、管理人员之间的协同及业务流程。流程可以根据业务的变化而适当调整，但是要保障整体的稳定性。执行过程中不能因为某些情况而出现标准不及时更新、流程不及时执行的问题。这会给员工留下公司不严谨、领导能力存疑的印象。在流程的执行过程中，我们不仅要追求高效，更要确保流程的稳定性，做好相应的监督和管理。

4. 营收的稳定性

获取营收的方式应该多元化，可不能仅仅依靠单一业务去实现增长规模和获得收益。你必须不断地寻找新的盈利方式和模式，积极拓展新的业务，这样才能确保营收的方式足够丰富多样。若只依赖单一业务，一旦该业务出现问题，公司的营收就会受到很大影响；而多元化的营收方式就像给公司上了多重保险，即使某个业务不太景气，还有其他业务可以支撑公司的发展。这样一来，才能更好地保障公司实现营收和利润的增长，让公司在激烈的市场竞争中拥有更强的生存能力和发展潜力。

第四节
如何提高公司的发展能力

1. 增强资金实力

提高公司发展能力的第一点是增强资金实力。公司的资金储备上去了，才能有技术创新、拓展业务、升级软硬件设备等的经济条件，才能应对未来未知的危险和机遇，才能有更多更好的发展机会。

2. 提高稳定能力

　　提高公司发展能力的第二点是提高稳定能力。前一节说过如何提高稳定性，公司只有不断提高稳定性，才能在面对各种问题或危机时，有更强的抗压力和抗挫力，才会对发展更加有利。一个公司的稳定性和发展性是相互制约、相辅相成的。有了充足的资金储备加上公司足够稳定，公司才能具有很强的发展能力。这两块的具体内容前面已经详细讲过，不再多讲。

3. 建立人才培养体系

　　提高公司发展能力的第三点是建立人才培养体系。要想公司更好地发展，除了增强资金实力和公司自身能力以外，建设人才培养体系也是很重要的。只有优秀的人才才能让企业走得更远，所以要健全人才培养体系。这里的人才培养体系，一方面是培养公司的核心骨干，包含合伙人和中层管理者；另一方面是培养储备管理层和下层员工。针对不同类型人员，根据不同岗位的角色和职责，可以制定晋升体系、培训体系等。

　　在公司创立之时已经选择了合伙人，创始人就可以给予合伙人足够的权利和责任，与合伙人一起把公司的中层干部、优秀员工培养出来。人才培养体系搭建得越完善，对于公司未来的发展就越好，所以在人才上一定要舍得投入。人才是企业非常宝贵的财富，也是企业能否基业长青最重要的一点。

综合来说，增加公司发展能力需重视资金实力、稳定能力和人才实力。其中人才建设方面主要是构建人才培养体系，涵盖多层级人员，选好合伙人共同培养员工。人才实力关乎企业未来和基业长青，是公司能否做大做强的重要基础，在下一章还会重点讲述人员管理的问题。

本章要点提炼

◆ 增效三大方向

1. 概念：以公司更健康、更良性发展为目的做加法，不是单纯从效益和效率来看。

2. 方向

（1）增加公司资金储备：在创业各阶段都重要，影响公司长远发展和战略扩张，需注重盈利和留存资金情况。

（2）提高公司稳定性：与公司整体架构、流程设计、业务多元化及收益多元化有关，提高稳定性可实现高速发展。

（3）提高公司发展能力：需从资金实力、稳定能力、人才实力三方面考虑，三者兼备才能实现基业长青。

◆ 如何增效

1. 增加资金储备

（1）扩大营收规模：营收规模是资金储备关键，

与多个因素相关，要扩大但不能盲目，在保障毛利的基础上策略性地使用储备资金。

（2）增加毛利润：主营业务收入减成本后的利润，对评估营收状况重要，初创公司要兼顾营收规模与留存资金。

（3）增加净利润：对资金储备和企业健康发展最重要，需在提升规模和毛利时控制成本。

2. 提高公司稳定性

（1）组织架构的稳定性：创业初期架构可调整但要清晰，配合战略规划落地，创始人勿随意调整规划和架构。

（2）人员的稳定性：业务人员要配备齐全，前期可身兼数职，但每板块要有负责人；保障人员稳定性，可从多方面增加归属感。

（3）流程的稳定性：初创公司管理和业务应追求标准化和流程化，流程可调整但要保障稳定性。

（4）营收的稳定性：获取营收方式应多元化，不断寻找新盈利方式和拓展新业务。

3. 提高公司发展能力

（1）增强资金实力：提高资金储备，才能应对未知危险和机遇。

（2）提高稳定能力：稳定能力既制约，又促进发展能力。

（3）建立人才培养体系：涵盖多层级人员，与合伙人共同培养员工。

第七章

团队管理

以心管事,以事服人

第一节
团队管理有什么用

一个公司的发展，不管是初期还是中后期，团队都是至关重要的。很多创业者知道团队的重要性，但不知道团队管理同样重要，所以在团队管理上并不完善。我个人是把团队和管理分开看待的。如果说团队是一只老虎，那么管理就如同一双翅膀；管理得好，相当于如虎添翼，可以让老虎的战斗力得到大幅度提升。一个公司的创始人及合伙人一定要明白团队管理的重要性，这样才能在未来竞争中取得足够的优势。

在我看来，团队管理的重要性主要体现在以下三个方面。

1. 凝聚力

团队管理的第一个重要性是凝聚力。通过有效的管理，团队更具有凝聚力，这样做事才能更顺畅。如果一个公司的部门和员工不能凝聚在一起，像一盘散沙一样，不仅对于内部工作协调不利，对于外部合作也非常不利。特别是创业初期，人少事多，如果大家不能凝聚到一起去做事,那么公司的效率一定不会太高。所以,在创业初期就深刻地意识到团队管理的重要性,对于创始人来说是很重要的一点。

2. 战斗力

团队管理的第二个重要性是战斗力。一个公司的战斗力决定了发展的速度和高度,战斗力越强,公司才能发展得越好。反之,如果公司的战斗力很弱,那么在未来竞争中一定会处于弱势的一方,甚至被同类公司淘汰掉。所以,一定要通过团队管理的方式,来有效地提升团队的战斗力。

3. 抗风险能力

团队管理的第三个重要性,我认为是抗风险能力。公司在发展的过程中,会出现很多预料之外的事情,这时最受考验的就是团队的抗风险能力。你的团队能否直面每个问题,扛过每次遇到的风险?当遇到很强大的竞争对手时,团队是有信心参与竞争,并逐渐发挥自己公司的优势,还是丧失信心和斗志,直接认输?这考验的就是团队抗风险能力了。而团队抗风险能力需要通过公司管理来提升,有效的管理可增强团队面对风险的韧性,提高其应对不确定性或竞争压力的能力。

因此,团队管理具有重要意义。它能增强凝聚力,避免团队如一盘散沙,有利于内部协调与外部合作;可提升战斗力,决定公司发展的速度与高度，避免在竞争中被淘汰；还可提高抗风险能力，使团队在面对风险和竞争时有信心，这对于团队发展至关重要。

第二节
团队管理六个方向

　　团队管理包含"管理心"和"管理事"两个方面。由于团队管理上牵涉的问题众多，这本书主要是写给想要创业者和初期创业者，因此将我认为重要的几点和你分享，希望能为你在团队管理方向上提供有效的建议和帮助。这一节主要讲管理的方向，后面六节会讲如何进行有效的管理。

1. 敬畏之心

　　目前的社会状态是比较浮躁的，相信你也能感受得到。特别是"90后"以及更年轻一代，心态浮躁这一点特别明显，造成的原因就不说了。大部分人缺少敬畏之心，缺少了尊敬和畏惧，就是谁也不服、谁也不怕，肆无忌惮地行事。我觉得这一点是很可怕的，会导致人们做出很多出格和无法预料的事情，而带来的后果也是非常严重的。所以，我觉得在团队管理上，一定要培养团队的敬畏之心。让你的团队对领导、同事、客户、竞争对手和工作都保持尊重和敬爱。只有这样，才能最大限度降低团队做出出格的事情的概率，才能让公司受到外界的认可，也才能让公司发展得更好。古人云："畏则不敢肆而德以成，无畏则从其所欲而及于祸。"敬畏是人生的大智慧，不仅是一种人生态度，也是一种行为准则。

2. 文化建设

企业文化能为企业管理提供导向，文化建设和企业管理是相辅相成的关系，良好的文化建设能有效促进企业发展。文化建设是日积月累的事情，所以从创业初期就要进行文化建设。当公司文化一旦形成，再想改变就特别难了。不少公司发展起来后，才意识到公司的文化氛围有很大问题。那时候改变就只能进行全方位的大换血，重新培养文化。这种是无奈之举，对于公司的损害和影响无疑是巨大的。

企业文化建设一般会包含企业价值观、经营理念、制度文化、行为文化、人文文化等。初创企业即使人数比较少，也要有清晰的企业价值观和经营理念。领导要遵循一定的行为规范，以身作则，构建良好的企业文化氛围，为团队管理打好基础。

3. 晋升体系

公司无论规模大小,都应有晋升体系。晋升体系的核心作用有三点:第一是激励员工的工作。让员工对职业发展路线有明确认识,保障员工的利益,激发他们的主观能动性。第二是提高员工的士气,营造积极向上的团队氛围。当员工看到公司对他们的重视,对公司发展会抱有更强的信心,然后尽心尽力地为公司奋斗。第三是提升公司的生产力和竞争力。搭建晋升体系也是公司资源优化配置的一种方式,合理地根据员工的实际能力匹配岗位,提高员工效率及组织效率。晋升意味着提供更多培训机会,让员工学会更多技能和经验,从而提高生产效率,提升公司的生产力,也提高公司的市场影响力。

4. 奖罚制度

奖罚制度对于公司也挺重要的。我在刚开始创业时,就没有实行奖罚制度,导致了很多问题。奖罚制度一定要有奖有罚,不能一味地奖励。一味的奖励最终导致的结果就是,干什么事都要奖励,没有奖励就不干了,把人心都惯坏了。也不能一味地惩罚,每个人都受不了一个公司动不动就惩罚。奖罚制度应该公平公正,你要站在团队的角度换位思考,用普世的眼光来看待奖罚问题,然后建立合理和有效的奖罚制度。建议初创公司可以把惩罚点放在员工的时间观念上,比如公司考勤、项目出勤等;奖励则可以和项目成果、团队协同挂钩，奖金激励还是有必要的。

5. 岗位职责

岗位职责的管理也是非常重要的。很多人会说，"我很清楚自己的岗位职责"。但是扪心自问，有多少人真的尽到了自己的职责？如果尽到了，那么有没有做到超于职责？我相信大家心里会有答案。所以，岗位职责的管理对于团队来说不容忽视。岗位职责是每个人工作的指导。有清晰的责任和绩效要求，团队才能更好地协作。

在现实生活中，有很多人员不清楚自己的岗位职责，甚至干着干着都不知道自己在干什么了。权职混乱，导致工作界限不清晰，项目推进受阻，这对于公司是特别糟糕的一件事。这里面也有管理层的问题，如果管理层片面地注重结果，为了结果而结果，并没有给予下属明确的职责划分，就容易导致结果出现偏差。

团队建设中以结果为导向是正确的，但结果的形成是团队成员互助的结果。既有协同又有分工，每个人在团队和结果形成之中扮演什么角色、起到什么作用，才能促进结果的达成。如果管理层疏忽过程进度管理，以及岗位职责管理，那么很容易造成团队邀功、团队割裂等现象，内部成员协同出现问题和矛盾，也会在很大程度上影响结果。所以，在制定目标的同时，要注重岗位职责的管理，这样才能更有效地实现结果。

6. 结果导向

毋庸置疑，公司所做的一切都是为了实现战略目标，所以团队管理中的结果导向也是重要一环。工作得越来越好，企业就会越来越好，发展得越快。如果结果总是不好，目标总是完不成，对于企业的影响是巨大的，甚至让其破产关门。所以，以结果为导向没有问题，但重点是结果进度的管理。这一点很多企业采用OKR管理办法，即目标与关键成果法。这套绩效管理办法，简单地说，是通过将战略目标一步一步拆解，自上而下贯穿到基层，从而对企业目标进行有效的管理和监督。对于一个公司来说，战略目标很重要，但管理层和执行层能深度落实目标更为重要。OKR的制定包括目标和关键举措及成果，企业可以根据管理需求用季度、半年度和全年度的方式来实施。

总的来说，团队管理包含多个重要方面。培养敬畏之心可降低出格行为，使公司受认可；重视文化建设可为团队管理奠定基础；建立晋升体系可激励员工、提升竞争力；合理的奖罚制度需要公平公正；明确岗位职责可促进团队协作；结果导向结合OKR管理办法，确保目标落实。这些共同作用提升你的团队的凝聚力和战斗力，促进公司更好地发展。

第三节

管理心：敬畏之心

从本节开始，我将讲述如何实行团队管理。我分为了"管理心"和"管理事"两个维度。其中，将敬畏之心、文化建设、晋升体系归为"管理心"，更多是解决团队的内心层面；将奖罚制度、岗位职责、结果导向归为"管理事"，更多是关注团队的做事层面。这样方便你在进行团队管理时有更明确的方向。我所表达的都是个人观念，以下从敬畏之心讲起。

1. 敬

敬畏之心的第一点就是"敬"，让你的团队对领导、同事、竞争对手、合作伙伴都保持尊重的态度。心存尊敬，才能让团队的风气、公司的氛围是正向的。没有人喜欢不懂得尊重的人。如果团队在工作中，不懂得什么是尊敬和尊重，那么做事说话就没有一个准则，有可能产生很大的负面效果。所以，在团队搭建的初期，就要不断培养他们学会尊重和尊敬，这样不仅对团队发展有帮助，对于个人成长也有很大的意义。

2. 畏

"畏"指的不是畏惧，而是一种对工作的态度，指的是做事要谨慎、不懈怠、认真做好，尽可能不要出纰漏。对于工作保持畏的态度，该学习的要学习；对行业保持畏的态度，该了解的要了解。只有保持"畏"的心态，才会不断提醒自己端正工作态度，对业务中的大小事务负责。如果团队没有"畏"的心态，团队纪律受到影响，工作结果会更难以保证。

3. 沟通

工作中除了做事以外，最重要的是人与人之间的沟通协作。这也是职场中最难的一点。所以，学会如何在职场中有效地沟通非常重要。沟通的准则就是要让团队或个人在职场中，带着一颗敬畏之心进行沟通。有效的沟通能把复杂的事情处理好，而糟糕的沟通会把很容易解决的事情变得更复杂。

所以，"敬畏之心"这一节专门提到了沟通这一点。我认为在沟通中一定要保持一颗敬畏之心，对人尊重和尊敬，对工作谨慎、认真和负责。只有带着一颗敬畏之心去沟通，才能更加有效地解决问题，以及维护好职场人际关系。

我见过很多比较擅长沟通的人，基本上都是怀着一颗敬畏之心在沟通和解决问题。如果对方已经表现出不尊敬或不尊重，那怎么能更好地解决问题呢？这里要切记，重要的不是你觉得怎样怎样，而是对方觉得怎样怎样，要让对方觉得你是带着一颗敬畏之心在沟通的。这点很重要，要从对方的感受出发，而不是自己的感受。

总的来说，敬畏之心在团队管理中至关重要。"敬"要求团队成员对领导、同事等保持尊重，营造正向风气，促进团队和个人成长。"畏"并非指畏惧，而是对工作谨慎、不松懈的态度，以确保工作质量，维持团队纪律。此外，沟通准则强调在职场沟通中要怀有敬畏之心。有效沟通可以妥善处理复杂问题，糟糕沟通则会使问题更复杂。我们需从对方的感受出发，带着对每个人的尊重和对工作的认真态度去沟通和解决问题。

第四节

管理心：文化建设

1. 关注情绪

文化建设首先要关注团队成员的情绪。团队的成员各式各样，每个人的特点不同，因为工作或者其他问题而产生的情绪也会不同。关注团队情绪是很重要的一点，不能放任大家的消极情绪不管，那样对团队的凝聚力和战斗力会影响很大。领导者应该和团队进行沟通，找到产生负面情绪的问题所在，进行合理有效的解决；并且要引导团队的正面情绪，这样才能更加有效地发挥出团队的能力和积极性。

此外，切记一点，不能团队成员说怎样就怎样。比如，成员觉得KPI高了，你就降低KPI；成员觉得薪资待遇低了，你就给涨工资。一味地满足最终一定会适得其反。你应该对团队进行有效的梳理和引导，然后根据公司的实际情况进行合理的调整。

2. 关注成长

其次，文化建设要关注团队的成长问题。如果团队不能得到有效的成长和进步，那么公司也很难有大的发展空间。只有你的团队不断进步和提升，公司才能得到更好的发展和成长。创业初期的公司可能很难有自己的员工成长体系建设，不过可以用一些简单的方式。比如，让团队外出学习或者购买相关岗位课程，这点儿花费不能省，该化的一定要花。定期安排大家参加一些线下展会或参观访问活动，是很有必要的。这些是比较简单的方法，创业初期也比较容易实现。公司发展壮大，就需要不断完善员工的成长体系建设，才能让更多优秀的人才留下来。

3. 关注动力

文化建设中，还要关注员工的自我驱动力。一个优秀的团队或优秀的员工，肯定不用你天天盯着干活，也能把事情干好。所以，自我驱动力很重要。自我驱动是指自己能促使自己把工作处理好，无须别人监督和监管。创业初期一定要培养团队拥有自我驱动、自我学习、自我反思、自我解决问题这四种能力。和团队不断地强调这四点，这也是文化建设里很重要的一点。只有这样，团队才能不断地前进，公司也能得到更好的发展。

我认为文化建设的目的有两点：第一是让团队对公司拥有归属感。让团队感受到公司是在意他的，而不是只把他当成工作的机器。第二是帮助团队成长，将团队培养成公司想要的样子。从各个方面对你的团队进行正向和有效的培养，让他们朝着公司想要的方向进步。这两点是文化建设的核心所在。

总之，文化建设在团队管理中意义重大。其一，关注团队成员情绪。不能放任不管他们的情绪，应沟通、解决负面情绪，并引导正面情绪；也不能一味满足其不合理要求，要合理地调整和回应。其二，关注团队成长。初期可进行简单的学习、参展等活动，团队壮大后则完善员工成长体系，从而留住优秀人才。其三，培养团队自驱力，包括自我驱动、自我学习、自我反思和自我解决问题的能力，这在创业初期很重要。文化建设的目的在于让团队有归属感和帮助团队成长，把人才培养成公司所需的样子。

第五节

管理心：晋升体系

1. 年度收入

年度收入指的是员工在本年度工作一年所获得的报酬。当一个新员工加入团队时，要把他年度收入的情况讲清楚：下限是多少，上限是多少，上限收入取决于什么条件才能达到，等等。比如，销售岗的上限取决于完成的业绩，年终奖要看公司的整体营收情况等。薪资问题要提前沟通好，让新员工心里有一定的预期。这样避免加入团队后，因为预期情况和实际不符，或之前没有沟通清楚，导致离职等各种问题产生，那对团队是非常不利的。在员工入职前期就把薪资情况协商清楚至关重要。如果前期不沟通好，后续再扯皮，对于公司的影响是非常大的。

2. 工作年限

一个员工在公司工作，随着工作年限的增长，应该每满一年给予合理和固定的薪资增加。这是对于员工跟着公司干了这么久，付出了这么多的一种认可和奖励，也是让员工感受到他是受到公司在意和信任的。如果干了一年了，第二年工资没啥变化，可能让员工心里多少不太舒服吧。工龄薪资的涨幅，不建议太多，但也不能太少。根据公司的实际情况而定就好，可以设置阶梯性的。比如，第一年多一点，后面每一年就少一点，这样比较好。可以先列个前5年的工龄涨幅计划，让员工了解。

3. 岗位层级

岗位层级的设立，是非常有必要的。在职场上有两种人，一种是想往上发展做管理层的，另一种是只想把本职工作做好，不想去做管理的。这两者的付出和能力也是不同的，前者的待遇也不应该与后者或新来的员工一模一样。此时岗位层级的重要性就体现出来了，这也是目前大厂沿用最多的做法。

我建议把岗位层级分成初级、中级、高级、专家级四个层级，然后根据工作绩效的完成情况以及领导、同事的认可度来打分，从这两个维度来综合评判是否可以晋级。每年评判1次即可。对于初期创业公司的晋升评价体系，这两个维度足够了，多了反而不适合，没必要弄得太复杂。岗位层级的薪资待遇，则根据公司的实际情况进行合理设定即可。各层级薪资涨幅不建议太少，以免员工觉得无所谓，没有努力升职的动力；太多也不行，对于没有晋升成功的人打击会很大。要保障好每个岗位的上下关联层级之间的薪资待遇的合理性，这点很重要。

4. 管理岗位

管理岗的设立也非常重要，管理岗是真正能左右公司发展壮大的核心。公司需要设立合理的管理岗晋升体系，但因管理岗的人员相比执行人员要少得多，所以管理岗的层级不宜太多。初创公司分为组长、总监、总经理三个层级就行，薪资待遇可以适当地相差大一些。毕竟责任不同，待遇也会不同，根据自己公司的情况设定即可。

我所了解到的腾讯公司，之前在十多万员工的情况下，管理岗也只有6个层级。创业初期员工不会很多，管理层人数更少。一般来说，只会用到组长和总监这两个层级。我非常不建议设置太多管理层，容易混乱。初期创业干活是最重要的，每个业务板块有人负责带头做事，就足够了。不要弄太多什么"1号位"，1个业务就弄个1号位，那么多1号位，整天忙着你争我斗，哪有时间关注和发展业务呢？甚至创业初期，创始人就能全部管理了。主要是要有带头做事的人，不要整那些花里胡哨、华而不实的东西。看似挺牛的，业务却做得一塌糊涂。千万别迷恋设立那么多管理层，没必要。

总之，晋升体系在团队管理中不可或缺。你需要明确每个岗位的年薪情况，让新员工有个基本预期；随工作年限增长，给予合理的薪资增加；设立岗位层级，如初级、中级、高级、专家级，并根据绩效和同事认可度综合评判晋级；管理岗设立要合理，创业初期分为组长、总监、总经理三级即可，避免层级过多。"管理心"更多是关注人心方面的事情。人性是特别复杂的，所以领导者在管理心上需要多思考一下。以上几点或许不够全面，你可以根据实际问题再多琢磨一下，做出更好的判断，然后做出更合理的执行方案。

第六节

管理事：奖罚制度

关于奖罚制度，我们先要明白为什么奖、为什么罚。只有理解了目的，我们才能更好地采取措施，制定出更合理的制度。不能一味地罚，也不能一味地奖；不能为了罚而罚，也不能为了奖而奖。

1. 惩罚的目的和方式

惩罚的目的，我认为是对员工做事准则最基本的约束，即下限要求。惩罚是为了督促员工按照公司最基本的要求完成工作。创业初期人员特别少，管理上需要谨慎一些，不建议采用过于宽松或自由度过高的管理方式。中后期可以改变，但前期应该有一定的约束，否则后续再想约束就很难了。

惩罚的方式，罚钱是最直接的。不能用其他方式去惩罚团队和员工，比如，让员工做俯卧撑或其他的，这就有点扯淡了。大家都是成年人，又不是小孩子。并且，惩罚的是小事，比如早退、迟到，周报、月报没有提交或者没有按照要求写，以及答应领导在某时间完成的工作却遗忘了等等这类小事。小事情惩罚的目的，是进行最低的约束。罚的钱不用太多，每次几十元就可以。不能惩罚大事，比如做错了什么，或者无意犯的错误，这时候不能用简单粗暴的惩罚去解决，而要进行深度的沟通去解决，并告诉员工这类错误的严重性和带来的后果。单纯罚钱之类的不行，要让员工明白事情的严重性，并告知他不能再犯。

惩罚得来的钱，可以用于给团队购买零食或团建活动。把罚的钱花在团队身上，这点很重要。另外，不能为了惩罚而惩罚，这是不公允的。

2. 奖励的目的和方式

如果惩罚的目的是促使员工完成公司最基本的工作要求，那么奖励的目的就是让员工能更好地发挥能力，更好地完成工作。奖励的方式和惩罚相反，不能奖励小事，而应奖励大事。不能员工小事做得不错，就进行奖励。很多员工认为把事情做好了，就应该得到奖励。这样是不对的，小事情做好，是其岗位职责的本分，不能作为奖励的标准，这一点须让员工明白。

奖励应针对大事，比如确实做出了重大贡献、解决了棘手问题。此时你要有所表示，但是不能奖励得太多。可以适当地奖励，结合公司的实际情况，既不过少，也不过多，具体你自己来衡量。然后把做出重大贡献这点放在他的晋升和年终奖里，并且要明确地告诉员工，公司是有做记录的，他的付出是被看见的。另外，过年、过节或员工过生日，公司也要意思一下。公司财务紧张，就简单意思下；公司收益还行，就多意思一下。这也算是奖励的一种，也是文化建设的一种。这类日常福利不建议意思太多，差不多就行。

总之，在创业初期，团队的奖罚制度至关重要。惩罚的目的是约束员工的基本行为，如对迟到早退、迟交周报等小事进行小额罚款，而且应将罚款用于团队本身，让过失员工知晓问题严重性而不再犯。不可为罚而罚。奖励的目的是激励员工更好地完成工作，要对重大贡献等大事进行奖励，不可奖励小事。重大贡献可体现在员工的晋升和年终奖里，日常过节或他们过生日也可适当表示，把握好度。让员工明白奖惩标准，促进团队积极向上发展，为公司的发展奠定良好基础。

第七节

管理事：岗位职责

1. 岗位职责的明确

明确每个岗位的职责很重要。公司一定要清楚每个岗位的职责和目的，即这个职位是干什么的。同时，在员工入职前和入职后也要反复强调，让每个员工也非常清楚自己的岗位职责和目的。这样他们做事的方向才不会出现问题，才能把公司战略部署真正地执行好。员工的目标绝对不只是完成业绩那么简单。完成业绩的方式有很多，但是不是按照其岗位职责去完成才重要，因为这会影响公司大方向的发展。如果执行层面出现了偏差，那么战略方向一定会出现偏差，从而导致一系列问题。所以一定要从根源上把控，让每个员工真正尽到自己的岗位职责。所谓"根正苗红"，若根不正，树是长大了，但长成的是不是公司想要的样子就是另一回事了。

2. 岗位职责的目标匹配

岗位职责和目标结果匹配度是十分关键的。不能为了业绩而完成业绩、为了目标而完成目标，否则目标虽然完成了，但完全不是按岗位职责的要求去完成的。

例如，一位销售员的职责是开发医疗类型的客户，将相关产品卖给这类客户并完成业绩，实现公司的战略部署和业绩目标。结果，销售员将产品卖给了房地产类型的客户，完成了业绩。那么这个销售员尽到了自己应有的岗位职责了吗？业绩是完成了，但他并没有完成公司的战略部署。如果每个销售员都这么做，公司的战略部署还怎么实行？公司的战略部署得不到有效的落实，公司还怎么发展？正常来说，这个销售员应先考虑自己的岗位职责，第一步是执行公司战略布署的计划，第二步才是根据战略部署去完成任务。不能不考虑第一步，只考虑第二步，完全盯着业绩目标。这样就算业绩完成了，对于公司的战略部署也没有任何意义，不能解决公司长远发展的问题。

如果大家都机械地完成任务指标，公司就会出现很大的问题。我认为，一个合格或优秀的员工一定不是为了业绩而完成业绩，而是根据公司的战略部署和要求去完成。形式主义对于公司来说是极度不负责任的，也对不起自己的职业操守。

3. 岗位职责的目标监管

既然有了业绩考核，就要确保每个人都完全按照公司的战略布署和岗位职责去完成对应的目标。此时岗位职责和目标结果之间的监管就变得特别重要。领导者在安排工作下去时，一定要让团队和员工清楚公司的战略部署和目标，并明确告诉员工要按照战略部署去完成业绩任务。领导者也必须在岗位职责和目标结果之间进行严格的监管，确保每一位员工都是按照公司战略部署和分岗职责去完成目标的。

一旦这个环节出现偏差，公司的战略部署就形同虚设。倘若员工没有按照自己的岗位职责去完成业绩，即便业绩完成了，也只在本年度考核好看而已，对于公司的长远发展是极为不利的。长此以往，大多数人就会忘记公司的战略部署，忘记自己真正的职责，而只盯着短期结果，为了完成结果而完成结果。这种情况绝对不是公司想看到的，所以必须在此过程中做好监管。

监管分为两步：第一步是告知员工公司的战略部署、其岗位职责和工作目标；第二步是严格监管其岗位职责和目标完成之间的匹配度。从上到下都要严格执行，如果不匹配则及时纠正和做出调整。

总之，岗位职责在团队管理中极为重要。你需要明确员工们的岗位职责，让他们清楚自己的责任与目标，确保公司战略得以有效执行。每个人的岗位职责须与目标结果匹配，不能为完成业绩而偏离职责方向，优秀员工应当遵照公司的战略部署行动。同时，领导者或管理者要做好岗位职责与目标结果之间的监管，及时纠正偏差，确保员工落实好每一项战略部署，避免只盯结果而产生不利于公司长远发展的情况。

第八节

管理事：结果导向

1. 结果导向的目的

结果导向这个价值观，我觉得是没有问题的。无论是国家还是企业的发展，结果导向都很重要。既然是做事，就要有相应的目标和做出相应的成绩。如果创业初期一直做不出成绩，怎么能有动力继续做下去呢？本身资金少、人脉少，又做不出相应的成绩，那么压根无法坚持下去，更别说未来的发展了。

创业之初就要以结果为导向，这样公司才能更好地生存和发展。结果导向的目的是什么？就是让公司更好地存活下去，并实现最初的目标。所以，不仅要出结果，还要出好的结果，符合公司未来发展方向的结果，符合公司战略部署的结果。让每个人员的工作结果都符合公司的需求，而不是仅仅完成业绩那么简单，这样才能把公司真正发展好。

2. 目标进度的管理

既然以结果为做事的准则，那么进度管理就是最关键的环节。只有对目标进度进行有效的管理和跟进，才能保证公司、团队、员工都更好地完成目标。

目标进度管理分为五步：

第一步是在团队完成目标的过程中，公司给予相关的资源支持，若无法提供相关的资源支持，则目标可以定得小一些；

第二步是公司为员工提供方向和方法上的建议和指导；

第三步是做好团队目标的时间规划，无论计划怎么变，时间是不变的；

第四步是做好时间节点的进度管理；

第五步是做出有效的跟踪和沟通方面的支持，确保团队在有限时间内完成目标。

我认为这五步是目标进度管理的核心，只有这样才能把每个目标完成，做出相应的结果。

3. 结果的监管和监督

当有了目标以后，除了目标进度管理，还需要做结果监管。虽然目标进度管理中提到了一定的监督，但监督和监管还是不一样的。简单来说，监督是督促员工去完成工作，而监管是观察他们如何完成工作。所以，在此把这个要点单独列一下。

有些公司，包括我本人，之前在结果的监管和监督方面做得比较少，导致有些事情并非按照自己的规划发展，最后对公司的影响也很大。这让我深刻地意识到结果监管多么重要。我认为结果的监管和监督应区分来看待。第一是监管。为确保完成的结果是符合公司要求的，在过程中做出监管的动作。例如，你要求员工写一篇新媒体稿子，那么在他写完之后或者写稿过程中，你应该审查一下。就是一定要经过你确认一下，再继续写或者发布。其间做出监管的工作，不能让员工写完就直接发了。在员工完成目标的过程中，你需要安排好监管环节，确保他们的做法是符合公司要求的。如果他们完成目标的过程中缺少监管，一定会出现各式各样的问题。只有做出有效的监管，才能确保结果不会出差错。第二是监督。在工作时间限制内，与团队成员进行有效的沟通，督促他们按时完成目标。

总的来说，结果导向对于创业初期很重要，目的是让团队做出符合公司需求的结果，让公司更好地生存与发展。目标进度管理包括提供资源支持、方向方法建议、时间规划和跟踪沟通。结果的监管和监督也很关键，监管是确保结果符合公司要求，监督是促使员工按期限完成目标。做好这些才能更好地达成目标，促进公司的发展。

"管理事"的三节着重于团队的做事，对于创业初期来说是很重要的。不仅要做事，更要考虑如何把事做好，只有这样才能让公司一点点地发展和壮大。创始人就像一个大家庭的大孩子，带领着大伙去奋斗。所以，你在做事的要求上、规则上、目标上都要想清楚。这样才能把事务一点一滴地做好，为公司打下牢固的基础，然后不断地向前奔跑。

　　希望能给各位读者在创业初期的团队管理上，提供一些建议和帮助。如果您读完后有所收获，那么我真的很开心，帮助人使我更快乐；如果您读完并没有什么收获，还请不要介意。因为个人经历和年龄的原因，我讲得可能并不全面。我也会不断反思和学习来提高自己，希望有一天能写出让大家更满意的内容。再次感谢看到这里的读者，因为你们存在，我才有更大的动力和勇气把这本书写出来！

本章要点提炼

◆ 团队管理的重要性

1. 凝聚力：避免公司如一盘散沙，在创业初期对于内部协调和外部合作很重要。

2. 战斗力：决定公司发展速度与高度，避免在竞争中被淘汰。

3. 抗风险能力：使团队在面对风险和竞争时更有信心。

◆ 团队管理六个方向

1. 管理心

（1）敬畏之心：培养团队对领导、同事等的敬畏之心，可减少出格行为，使公司受到认可。

（2）文化建设：企业文化对公司至关重要，初创企业也应重视，为团队管理奠定基础。

（3）晋升体系：公司无论规模大小都应建立，可激励员工、提升竞争力等。

2. 管理事

（1）奖罚制度：对公司重要，需公平公正，初创公司可在考勤等设罚，项目成果等设奖。

（2）岗位职责：管理层应明确各岗位职责划分，注重过程管理。

（3）结果导向：结合OKR管理办法确保目标落实，促进企业发展。

◆ 管理心维度阐述

1. 敬畏之心

（1）敬：对领导、同事等保持尊重，营造正向风气。

（2）畏：对工作谨慎、不懈怠，确保工作质量。

（3）沟通：在职场沟通中要怀有敬畏之心，从对方感受出发。

2. 文化建设

（1）关注情绪：不能放任不管，应沟通并解决负面情绪，引导正面情绪。

（2）关注成长：初期可采用简单活动，壮大后完善成长体系。

（3）关注动力：培养团队自驱力，包括自我驱动、自我学习、自我反思、自我解决问题等能力。

3. 晋升体系

（1）年度收入：向新员工讲清楚，避免后续问题。

（2）工作年限：随工作年限增长给予合理薪资增加。

（3）岗位层级：设立岗位层级，并根据绩效和认可度综合评判晋级。

（4）管理岗位：设立要合理，创业初期分为组长、总监、总经理三级。

◆ 管理事维度阐述

1. 奖罚制度

（1）惩罚的目的和方式：约束员工基本行为，对小事进行小额罚款，罚的钱用于团队。

（2）奖励的目的和方式：激励员工更好地完成工作，奖励大事，把握好度。

2. 岗位职责

（1）职责明确：公司和员工都要清楚岗位职责和目的。

（2）目标匹配：与目标结果匹配，不能偏离职责方向。

（3）目标监管：公司做好监管，确保员工依职责执行战略部署。

3. 结果导向

（1）结果导向的目的：让公司更好地生存发展，做出符合公司需求的结果。

（2）目标进度的管理：给予资源支持等五步核心管理。

（3）结果的监管和监督：确保结果符合公司要求，督促员工按时完成目标。

第八章

财务管理

现金流为盾,利润为矛

第一节

为什么要做财务管理

为什么要单用一章讲财务呢？因为财务真的太重要了。

很多人在创业初期没有意识到财务管理对公司的影响，包括我自己，也是在后面才意识到财务的重要性，可到那时已经晚了。我认为财务管理应是公司管理的最高优先级，甚至高于公司的战略布局。只有把财务做好了整体管理，公司才能真正发展得好。就像打仗一样，兵马未动，粮草先行，财务就是"打仗"过程中的后勤，后勤这块管理得好，打胜仗的概率才会高。

我个人在财务上栽的跟头是最多的，损失也是最大的。我发自内心地告诉你，一定要重视财务管理，不然会吃很多大亏。前面几章因为内容的原因，已经讲到了财务的重要性，这里就不赘述了。但是我认为，很多人并不太清楚财务管理的目的，所以这里重点阐述财务管理的目的到底是什么。

1. 合规

财务管理的第一目的,是保障公司财务的合规。这也是公司财务管理最基础的一点。如果你想把公司发展壮大,一定要在财务上做到合法合规。

财务的合规性,是指公司的一切经济行为都需符合国家的法律、法规、方针、政策及审计等要求。无论是财务报表的真实性,还是财务支出和收入,都要做到严格的合规合法。该交税的要交税,该开发票的要开发票。合法性无论在后续融资、贷款,还是应对相关部门的审查中都至关重要。

举个例子,如果你后续想要融资,但是你个人与公司之间已经产生了多次交易往来记录,总计金额过大,这对于后续融资是很不利的。资方会怀疑你挪用公司资金用于个人支出,这是很麻烦的事情。如果金额较少还好说,如果金额过大,无论你怎样解释都很难打消资方的疑虑。毕竟人家是真金白银地投入你的公司,会怀疑你万一利用某种方式进行套现。另外,如果涉及对外支付,先把钱打到个人户头,再对外支付也是不合规的。

所以,创始人及股东与公司的账务往来一定要非常干净,最好不要有任何牵扯。全部按照正规的支出、收入流程来走,要确保财务各方面的合法性。

2. 稳定

财务管理的第二目的，是保证公司财务的稳定。从财务角度上控制收支平衡，这也是财务管理极为重要的一点。稳定分为基本稳定、短期稳定和长期稳定，在本章第四节我会展开阐述这三个稳定阶段。众所周知，创业初期常常会有财务支出过大、收入过少的情况，收支是很不平衡的。其实你从创业初期，就要考虑财务上的基本稳定，然后再实现短期稳定和长期稳定。如果公司财务在基本稳定上出现了问题，那么后续的运营也不可避免会被影响。

稳定性对于公司运作是很关键的，而财务的稳定性是其中最为重要的。

3. 发展

财务管理的第三个目的是发展。当你的公司想要发展时，应确保公司处于短期稳定的前提下，还有剩余资金来支持发展。

如果说稳定考虑的是公司能否生存的问题，那么发展考虑的是公司能否生存得更好的问题。获取更大市场规模、营收规模等的前提，是确保公司处于稳定状态。不基于公司的实际情况而贸然发展，会有很大的风险。如果为谋求进一步发展而影响了公司运作的稳定，也会制约发展。发展和稳定是相互促进、相互制约的动态平衡关系。

发展分为不宜发展、短期发展和长期发展。不宜发展是指当公司的主营收入尚且困难时,不能贸然投入扩张。短期发展是指主营收入初步稳定时,可以投资短期内有回报的新业务。长期发展需要长期的投入,如果做短期投入,收益会很小或没有。它是随着时间的推移和事务的良性发展,才逐渐带来乐观的收益的。财务状况可以作为公司在规划上选择短期发展还是长期发展的依据。创业就是一场硬仗,长途跋涉且充满不确定性,每一步都需要谨慎考虑后勤补给的保障。

4. 控本

财务管理的第四个目的是控本。大部分创业项目初期资金有限,而支出项特别多,学会控制成本非常重要。考虑成本需要事无巨细,合理地使用资金可以让你的公司更加稳定。等你的公司进入稳定阶段,不断谋求发展的过程中,各项支出的占比也会逐步加大。无论在公司的初期发展,还是中后期发展,都需要进行成本控制。合理配置公司各项资源,适当压缩各方面的成本,节省出更多资金用于保障公司的稳定和发展。后面我也会详细解释如何进行成本管理。

财务管理的这四个目的,是希望公司在合规、稳定、控本的同时,谋取更大的发展。合规、稳定和发展三者是相辅相成的,成本控制则更多是一种管理手段。财务管理能辅助公司的管理层及创始人做出更理性的决策。

第二节
合规的基本步骤

我根据个人的创业经验，总结了几个财务管理的方向。初创企业能做到以下几点足矣，随着企业不断发展，财务管理也可以逐步精细化和规范化。

财务的合规合法性，就是按照最基本的要求来做，确保公司能合法地长期运营。合规性是财务管理的基础，这里我也展开了一些细节，给你提供基本的方向。

1. 公司注册

注册公司涉及注册资本。一般情况下，注册资本无须太多，50万~100万元即可。大多数企业都是没有实际缴纳出资资本的，目前的缴纳期限是5年之内。早期未实缴对于公司运营的合规合法性没有影响。实缴资本更多的是牵涉合伙股东之间的利益合作关系，这里不做太多的解释。

2. 工商税务一致

确保工商和税务上登记的法人、股东是一致的。因为工商和税务是两套体系，股东出现退出或新增，有时容易遗漏税务上的变更。如果工商和税务等级不一致，可能会影响企业的信用评价，也可能面临罚款的风险。

3. 五险一金

所有需要公司对外发工资的人员，无论是法人、创始人、股东还是员工，建议都要签订劳动合同。《劳动合同法》中有规定，在满足某些特定条件下，劳动者可向用人单位索取双倍工资。与劳动者签订合同也是保护公司自身权益的一种方式。

你可以针对不同的类型人员签署不同的协议。比如，股东分红可以制定分红协议，全职员工可以分别制定试用期合同和正式雇佣合同。根据《劳动合同法》的要求，公司也应当自员工用工之日起30日内，为其申请办理社会保险登记，并申报、缴纳社会保险费。

4. 纳税

关于纳税，目前很多初创公司为了控制成本，不愿招聘专业的会计人员负责公司账务，而是选择代理记账的方式，费用也不高。代理记账对于初创公司比较省心省力；但随着公司业务的发展，代理记账公司由于未能深入公司的现场，对公司的实际各项情况不能更加细致、明确地记录，也存在代理记账公司不专业的风险。因此，当你的公司发展到一定的阶段，一般需要配置专业的财务会计人员。

无论是找代理记账公司，还是公司自己记账、报税，都须注意纳税的合法合规性。有些企业主可能采取高风险的避税方法，轻则存在一些隐患，重则存在违法犯罪行为。所以，作为纳税企业，必须具备识别和避免不良纳税操作所致的风险的能力。即使找代理记账公司代劳，也建议建立一份公司的真实财务台账表。

5. 发票

企业所有生产经营活动中，涉及出售商品、技术服务或其他收取款项的动作，都需要开具增值税专用发票或普通发票。通俗来讲，企业获得收入的经营活动中，除了融资、贷款、借款等不需要提供发票，其余营业所得收入都需要提供发票。发票是纳税的费用凭证，更是公司经营信誉的保障。

开发票时要注意两点。第一，公司的经营范围是否包含开票的类目。这也是判断你的公司是否可以从事该业务的基本标准。第二，某些特殊行业需要具备行业许可证。例如，在互联网售卖药品需要售卖许可证，等等。如果公司的对外业务是经营范围以外的业务，便是违法的。发票的税率多少与销售的货物类别有关。初创公司对外合作时,合同总金额一般是指含税的总金额,这个也需要同对方明确。在打款之前先和对方确定好开票事宜,对外支出项可以要求对方先开具发票,再进行打款支付。正常的大公司付款流程也是这样。关于发票的具体注意事项,可以咨询专业的会计人员以加深理解。

6. 进账规范

当公司收到了货款或其他费用时,应为对方开具相应的发票,并根据实际金额进行报税和纳税。你要保障企业的所有收入都是合规合法的。千万不能虚假报税,也不能不为对方开具发票。

所有进账都应让对方打款时进行备注,方便后续账目归拢和核查。这样未来对账会更方便,确保每一笔账都能对得上。所有进账都要做真实的记录,不能做假账,那是不合法的。

7. 支出规范

当公司对外部企业支付货款或其他费用时,需要对方开具对应的发票。当给内部员工发工资时,需要缴纳真实的工资所应缴纳的税费,以及五险一金等其他费用。当员工垫付了工作上的相关开支进行报销时,需有对应的发票才能进行支付。这些都是为了确保公司支出的合法性和规范性。

如果创始人不是财务出身,在找合伙人时,我建议找一位擅长财务的合伙人。让对方确保公司财务管理的合规合法性，以及未来公司资金使用的计算。如果实在没有这样的合伙人，则建议招募一名财务人员；如果财务工作不太多，可以给他再安排些其他工作。财务管理是创业过程中特别重要的一点，创始人从一开始就应该做好财务管理。

总之，初创企业的财务管理需注重合规合法性。它包括合理设定注册资本；确保工商和税务的法人、股东登记一致；为员工签订合同、缴纳社保；依法纳税，可先代理记账，后配专业人员，注意识别纳税风险并建立台账；规范发票开具，明确经营范围和特殊行业许可证，确定合同金额是否含税，以及打款前的开票事宜。规范进账包括开具发票、报税纳税、备注款项和真实记录；规范支出也涵盖开票、缴税等。创始人若非财务出身，可找擅长财务的合伙人或招聘财务，从创业之初就做好财务管理很重要。

第三节

稳定的三个阶段

稳定是指确保公司财务的支出和收入处于稳定状态。它分为基本稳定、短期稳定和长期稳定三个阶段。以下是我的一些经验,仅作为非科班出身的创始人对公司财务状况的基本判断。这里所说的剩余资金,是指企业通过经营活动所得的收入,不包含融资、贷款或借款的资金。

1. 基本稳定

当公司初步开始运营时,财务状态肯定是不稳定的。前期一般是创始人和合伙人掏出个人资金投入项目中。既然是创业,前期大伙投入资金是正常的,但后面不可能存在让大伙持续注资的现象。创业的首要目标是公司赚钱养活公司才行,所以财务方面第一阶段要实现的就是基本稳定。

基本稳定是指公司在没有收入而维持现状的情况下,当月的剩余资金可以支付未来3~6个月的日常开支。这是创业初期需要实现的第一个目标，也是公司慢慢发展的前提。

2. 短期稳定

第二个阶段是短期稳定。同理，短期稳定是指公司在没有任何收入的情况下，剩余资金能支撑正常运营7~12个月。当财务状况达到基本稳定后，公司的日常运转就没有什么问题了，此时要尽快实现财务上的短期稳定。

能维持短期稳定的公司，业务形态才健康，才能更有力地保障可持续发展。这对于很多初创公司并不容易，但创业本身就是一件困难重重的事情，合理的财务管理会让你离实现创业目标更近一点。

3. 长期稳定

第三个阶段是长期稳定。长期稳定是指公司在没有任何收入和维持现状的情况下，资金储备可以维持未来12个月以上的日常开支。这对于很多初创公司是挺难的一件事，我认为如果能达到长期稳定阶段，说明你的公司真的发展得不错，各方面都挺稳定的。这个阶段是你应该努力达到的阶段。只有达到这个阶段，公司才能真正地一步步做好，一步步朝着自己的方向前进。

以上就是判断公司的财务状况的简单方法，分为基本稳定、短期稳定和长期稳定三个阶段。基本稳定是在公司无收入、维持现状时，当月剩余资金可支付未来3~6个月日常开支；短期稳定是公司自赚的资金，在无收入情况下能支撑正常运营7~12个月；长期稳定则是在无收入、维持现状时，可支付未来12个月以上日常开支。对于初创公司而言，实现这些阶段有难度，但进行恰当的财务管理可让公司更接近这些目标。只有达到长期稳定，公司才能更好地发展，并朝着成熟的目标迈进。

第四节
发展的三个阶段

创业时，除了考虑公司的合法、稳定以外，还要考虑发展。发展毫无疑问是每个公司都会追求的。有野心的创始人会把发展看得很重，但有时候可能因为过于考虑发展，而忽略稳定，导致出现资金链断裂等问题。财务管理的目的就是平衡好公司的发展和稳定，避免陷入资金紧缺的困局。关于发展，我认为也分为三个阶段，分别是不宜发展、短期发展和长期发展。

1. 不宜发展

当你的公司处于不稳定和基本稳定时，绝对不能发展。这里所说的"发展",是指进行额外的投资,去发展新的业务。因为这时候一旦额外投入,如果公司出现问题,就会回到更加不稳定的状态,这对于公司是非常不利的。公司如果不赚钱,会给团队的稳定带来很大的问题。为了确保各方面的稳定,在公司处于不稳定或基本稳定状态下,是不宜投入发展的。此时应想办法尽快达到短期稳定,然后再进行发展,这才是比较妥善的安排。不能去赌,创业九死一生,拿公司的存亡去赌是极不负责任的。

2. 短期发展

当公司处于短期稳定或长期稳定的状态下,可以进行短期发展。短期发展需要确保以下三点:第一,进行短期投入后,剩余资金仍能达到短期稳定的要求。第二,短期发展要有可行性。也就是说,既然有所投入,就不能随便发展或盲目发展,要有可行性方案才行。可行性方案即便不说多么详细和严谨,最起码也要把该考虑的方面都考虑到。第三,做好短期投入和收益预估。你得明确知道投入多少钱,收益怎么样,而且必须是短期内就能看到的收益。总不能把钱投进去了,几个月甚至半年都没有收益,那是不可以的。这个阶段绝不能做长期投入或短期无收益的事情,那样对公司的影响会很大。虽然谁也无法保证投入了就一定有收益,但至少短期投入发展是按照短期收益来规划的。即使结果不理想,也能及时调整和止损,不会影响公司的稳定性。

3. 长期发展

当公司处于长期稳定的状态时，就可以制定长期发展的规划和举措了。长期发展需要长期投入，这个投入的回本周期往往较长。在这个周期里，收益甚微或者为零，也就是不指望这块业务现在就能赚钱。这时的长期投入一般是公司新业务的战略布局。

在发起长期投入之前，也有几点需要考量。第一，进行长期投入后，剩余资金要仍能达到长期稳定的目标。第二，长期投入具备可行性。它和短期投入不一样，必须有一个非常清晰和谨慎的可行性方案，以降低资金投入的风险。第三，进行投入和收益预估。必须明确预测资金投入金额和收益金额，可从多个阶段来分析经营预测。第四，设定止损点。当大笔的资金投入后，如果做得效果不好或者收益甚微，在什么时候或者什么条件下进行有效的止损。投入过程中需要配合不定期的总结预测，及时止损可以挽回更多损失，确保对公司的影响降到最低，同时也能及时调整业务方向与策略。

追求长期发展对于公司来说意义重大。如果走错了方向，对公司是伤筋动骨的，有的甚至会把公司赔进去。所以，在进行长期发展的投入时，一定要谨慎，这样才是对公司、对股东和对自己负责。

综上来说，财务管理的发展分为不宜发展、短期发展和长期发展。当公司不稳定或基本稳定时，不宜发展，避免陷入困境；

当短期稳定或长期稳定时，可选择短期发展，要确保剩余资金达到短期稳定目标，拥有可行性方案以及投入和短期收益预估；当公司长期稳定时，可进行长期发展，需要长期投入，投入前要确定剩余资金达标，有完整的可行性方案、清晰的投入和收益预估以及止损点。谨慎投入是对公司、股东和自己负责，因为长期发展关乎公司的战略布局，走错可能会大伤元气。

第五节

控本的四个模块

成本管理是为了提高企业的经济效益。对于初期创业来说，在资金有限、收入也有限的情况下，学会成本管理可以让公司更稳定、更健康地存活。

之前在"降本"一章中，我们谈到了企业如何花钱。我认为在花钱之前先别考虑公司有多少钱，而要考虑这四点：第一，这个钱是不是有必要花；第二，这个钱花了值不值；第三，有没有办法不花钱就把事办了；第四，能不能少花点也达到同样的目的。这也是成本管理的基本思路。

1. 基础成本

基础成本是指公司日常开支的成本，比如，房租、水电费、办公耗材、日常用品等。对于创业初期来说，我认为在选择办公室的空间和装修方面应适当将费用降到最低。如果公司业务对门面的要求不高，可优先选择租居民楼。有很多居民楼空间大，环境比较安静，各方面费用也比较低，不失为一个比较好的选择。如果公司业务需要对外，对门面的要求比较高，或者不习惯设置在居民楼，那么可以选择众创空间类的写字楼。办公实用面积小一些，但足够员工办公用即可。前期人员少，对于会议室或独立办公室的需求会比较少，租赁公共空间或者不租赁都可以。等公司发展走上正轨，再更换办公室场所也是可以的。

办公室的装修也是，不必追求华丽花哨，只需与业务匹配，极简一些即可。创业是一件很艰难的事情，应该把钱花在刀刃上。创始人应该放平心态，把这些外在的东西看得淡一些。凡是对于业务没有实际帮助的东西，都是毫无必要的。面子工程在前期是没必要的，创业前期把业务跑起来，尽快实现短期稳定才是最重要的。其他的办公日常用品、耗材等，也是能省则省。

2. 人员成本

目前，人员成本是企业开支中占比较大的一项，所以在人员招聘和管理上需要深度思考。我这边根据个人经验提供几点建议。

第一，如果员工的岗位与营收直接挂钩，可以评估员工带来的收益是否能够支付其工资。也就是说，最起码能自给自足，不用公司再拿额外的钱来养员工。第二，如果员工的岗位不与营收直接挂钩，则看员工的投入产出比，即员工工作的产出结果是否对得起付给他的工资。如果你认为投入产出比较低，那么就要考虑换人，或者缩减该岗位的人员了。第三，关注公司平均人效比，这是特别重要的一点。一般来说，公司会有一部分人是作为业务部门给公司直接赚钱的，另一部分人是作为支撑部门提供各类支持和服务的，所以这时候就要考虑人效比了。人效比可以按月计算，根据总销售额和总利润额，算出平均到每个人的销售额和利润额，然后按照实际情况做出人员更换、人员结构、人员数量的相关调整。人均销售额和利润额的标准按多少算才合适，主要是结合公司的业务要求与创始人的要求来合理地把控，再做出合理的调整。第四，设立末位淘汰机制。公司应设有相关的末位淘汰机制，对于产出过低的员工实行末位淘汰。前期人员少，如果你觉得产出或者其他地方不合适，就及时换人。慢慢摸索出淘汰机制的方法，在未来按照淘汰机制不断淘汰末位人员，这样能更好地确保公司业务的推进和发展。

3. 运营成本

运营成本也是财务管理关键的一环。这里的运营成本不包含人员成本和公司日常的基础支出，单指与生产和销售相关的成本。运营成本这块的投入相对较大，所以需要进行合理的成本管理。我从个人经验出发，能给你两点建议：第一，在合理情况下，尽量压缩成本。成本控制得越低，运营的风险性就越低。第二，尽量聚焦业务。前期哪怕业务单一，也尽可能聚焦到一个点上。聚焦业务可以减少各类额外的开支和投入，使整体的费用更加集中，更利于把控。同时，聚焦到一个点，先进行单点突破，也更有利于发展公司。

4. 市场成本

市场成本管理同样很重要。很多公司每年投入的市场费用是非常高昂的，因为市场投入可以给公司带来更多收益。我们需要合理的市场成本投入，我认为主要看三点：第一，公司的财务状态是否处于短期稳定或长期稳定。如果处于就可以投入，投入的资金要确保投入后公司依然至少处于短期稳定状态。第二，投入产出比是否理想。如果投入产出比比较乐观，即投入后是一直在赚钱的，就可以持续地进行短期投入。第三，注意投入方案的成本把控和可行性把控，将投入风险降至最低。

创业初期市场成本的投入，一定要确保资金投入后公司财务还处于短期稳定或长期稳定状态。绝对不能盲目地投入公司的资金和资源，需要根据财务的稳定性进行综合评估。

因此，成本管理对于初创公司至关重要，可提高企业效益，让公司稳定存活。在基础成本方面，要降低办公场地等费用；人员成本占比大，需考虑岗位收益、投产比、人效比以及设末位淘汰制；运营成本方面，要合理地压缩并聚焦业务；市场成本方面，投入需看公司财务状态、投产比和方案可行性，确保投入后公司处于稳定状态。你在创业初期就应学会成本管理，把钱花在刀刃上，尽快实现短期稳定，为公司发展奠定基础，不能盲目投入资金和资源。

本章要点提炼

◆ 财务管理的重要性

　　财务管理是公司管理的最高优先级，高于战略布局，如同打仗中的后勤。

◆ 财务管理的目的

　　1. 合规：保障公司一切经济行为符合法规，资金往来清晰，确保融资等顺利。

　　2. 稳定：分为基本稳定、短期稳定和长期稳定，从创业初期就要控制收支平衡。

　　3. 发展：分为不宜发展、短期发展和长期发展，与稳定性相互制约又相互促进。

　　4. 控本：创业初期资金有限，需控制成本；发展中支出占比加大，也需控制成本；合理配置资源，为公司稳定和发展提供资金支持。

◆ 财务管理的方向

　　1. 合规

（1）公司注册：注册资本50万~100万元即可，实缴与否对合规合法性影响不大。

（2）工商税务一致：确保工商和税务上法人、股东登记一致，避免影响信用和罚款。

（3）五险一金：与员工签订合同、缴纳社保，保护公司权益。

（4）纳税：可先代理记账后配财务专员，注意纳税合法性，识别风险并建立台账。

（5）发票：经营活动需开具发票，注意经营范围和特殊行业许可证，明确合同金额是否含税，打款前确认发票事宜。

（6）进账规范：收到款项要开具发票、报税纳税、备注款项并真实记录。

（7）支出规范：支付款项需对方开具发票，发工资要缴税费等。创始人非财务出身可找专业合伙人或招聘财务专员。

2. 稳定

（1）基本稳定：公司无收入维持现状时，剩余资金可支撑未来3~6个月日常开支。

（2）短期稳定：公司无收入维持现状时，剩余资金可支撑未来7~12个月日常开支。

（3）长期稳定：公司无收入维持现状时，剩余资金可支撑未来12个月以上日常开支。对于初创公司有难度，但恰当管理可接近创业目标，达到长期稳定公司才能更好地发展。

3. 发展

（1）不宜发展：公司不稳定和基本稳定时不适合发展新业务，应先达到短期稳定。

（2）短期发展：公司在短期或长期稳定状态下可短期发展，要确保剩余资金达到短期稳定状态、有可行性方案，并作投入和短期收益预估。

（3）长期发展：公司处于长期稳定时可规划长期发展，需长期投入新业务战略布局，投入前要确保剩余资金达标、有清晰的可行性方案、有投入和收益预估以及止损点。

4. 控本

（1）基础成本：降低办公场地等费用，不追求华丽装修，节省办公用品耗材等。

（2）人员成本：占比大，考虑岗位投产比、人效比并设末位淘汰机制。

（3）运营成本：合理压缩成本并聚焦业务，降低风险。

（4）市场成本：投入需看公司财务状态、投产比及方案可行性，确保投入后公司处于稳定状态。

第九章

融资

是推进器，不是救命稻草

第一节

你需要融资吗

在介绍融资是否重要之前,关于融资我回过头去看,还是有很多感慨和想法的。

企业需要融资的时间点,建议卡在当你的企业发展遇到了瓶颈,需要额外资金投入而现有资金无法支撑的时候。并且,有一点非常重要,生活中雪中送炭的概率很低。不要把资方当成善人,也不要把资方当成傻子,能做资方的人都是非常精明的。资方给予资金是基于对你和项目的价值评估所做出的,通常都是过来锦上添花的。比如,他们知道你已有的业务现在发展得还不错,但由于现有资金不足以支撑开发新的业务,或者需要扩大已有业务的市场规模,这时候才愿意出资给你。企业和资方之间主要是利益关系,不要高估情分的作用。情分是建立在利益一致,或至少不冲突的基础上。切记这一点,我们要以理性的态度来看待融资。

我第二次创业时,是基于两个原因考虑融资的。第一是扩大现有业务的规模需要更多资金,第二是认为自己做的业务前景规模需要足够多的资金支撑。当时的我一心想要融资,后来成功融资了一笔数百万元的资金,最后出让了10个点股份给资方,后续资方也一直对我们不错。但现在回过头来看,我觉得从最开始就一心想着融资是不对的。融资的前提应该是靠自己先把项目做到一定程度,比如,先完成收支平衡、实现盈利。如果公司业务慢慢发展得不错,便不需要融资了。而我当时却一心想融资,如果不是运气好,也未必能拿到融资。创始人应谨慎对待融资,打铁必须自身硬,项目能实现自我造血能力更重要。

关于融资是否重要,我认为应该分阶段看待,下面分享一下融资不重要和重要的两个阶段。

1. 融资不重要

对于普通人来说,创业初期不应先考虑融资。我认为在第一阶段,也就是从0到1阶段,公司未能实现收支平衡或盈利的情况下,不宜去考虑融资。你应优先考虑跑通商业模式,进而实现收支平衡或盈利。我建议公司达到短期稳定的状态时,再去考虑是否需要融资。有两点理由:第一,在商业模式未跑通之前,资方对你公司的价值评估会更谨慎,融资成功的概率很低。第二,在你的公司未达到稳定状态之前,虽然融资成功会让团队更有士气,对公司的未来充满想象和信心,但也容易造成一种幻觉。公司上下乃至决策层过分看重融资,造成融资必然带来美好未来的假象,从而容易在决策和资金使用上出现问题。例如,忽略公司的实际盈利状况,对资金管理不当,导致钱都花完了,却还没有摸索出一条成功的盈利之路。这是大部分创业者会陷入的"融资陷阱",也是我之前犯过的错误。

所以,我认为创业的第一阶段不应该先考虑融资问题,而是将资源都集中在跑通商业模式上,争取实现短期稳定。然后在评估企业发展问题时考虑是否要融资,这时要评估发展方向、所需资金额度、市场情况等。以此决定是由企业依靠自身达到发展目标,还是借助融资的方式更合适。要说明一下,有一些特殊项目在前期不会有任何盈利的可能。比如,一些偏技术类的项目,这时候是自己注资还是融资,你根据自身情况来定就好。

2. 融资重要

评估融资重要的核心条件,是融资符合公司发展现状。当公司处于短期稳定状态,谋求新的发展布局,但由于人力、物力等各方面投入较大,公司现有的资金无法支持,股东们也出不起这笔钱,同时这件事又关系到公司的重要发展,这时融资的重要性便凸显出来了。遇到合适的投资人,出让相应的股份,拿到对应的资金,去解决公司的发展问题,一举两得。这样可以让公司更稳定、更快速地发展。

切记两点:第一,确保公司在短期稳定状态下再去融资;第二,融资成功后要戒骄戒躁,不能盲目地快速扩张和胡乱花钱。一定要根据公司的合理需求循序渐进地操作,确保账上的资金充裕才行。哪怕资金在账户上基本不动,也不能随便花。毕竟,花钱容易挣钱难,得考虑好这些钱花出去后,什么时候才能挣回来。

第二节

两种融资方式

关于如何融资,我将其分为被动和主动两种方式。被动方式是吸引投资人来找你,主动方式是主动去寻找投资人。通常创业者会主动寻找投资人,其实在被动方面做一些操作,也能有不少投资人找过来。我向你分享一下经验。

1. 被动融资

被动融资是指当你觉得未来有可能要融资时,先做好基础工作,等待投资人找到你。这里有以下三点建议。

第一,进行公司的品牌宣传。挖掘你公司日常业务的亮点或进展,联合媒体资源不定期对外发布。可以每个月发一次,这个涉及的费用都不会很高,当关注这个赛道的投资人看到后,就会主动找过来沟通的。

第二,利用投融资平台展示项目。在诸如鲸准等投资人平台上,可以免费展示、登记你的项目。在这个平台上只需写清楚相关项目介绍和核心亮点，无须上传商业计划书。这时候有关注本赛道的投资人查找到你的项目，如果感兴趣，也会主动过来和你沟通。

第三，建立公司自媒体，用于长期的品牌宣传。公司可以根据业务的情况搭建自媒体矩阵。比如，公众号、视频号等都是比较好的对外宣发阵地。你可以通过自媒体矩阵打造公司的业务知识库介绍，及时更新业务的进展和对外的合作情况。这样当相关投资人搜索到相关内容时，感兴趣者也会找过来沟通了解的。

被动融资主要是通过增强公司的影响力和曝光度。以上是我之前操作过的一些比较不错的方式，投入少、效果佳，也认识了不少投资人。

2. 主动融资

主动融资是指主动去找投资人。你需要写好公司的商业计划书，然后寻找当地或其他地方的FA机构（融资顾问中介机构）和相关路演活动，吸引感兴趣的投资人来沟通。

第一步，撰写商业计划书。商业计划书是融资中最重要的一环，一份好的商业计划书能把融资成功率提高至少20%。好的商业计划书可以吸引投资人的眼球，从而促成进一步沟通的机会。关于商业计划书的撰写方法，本章第四节还会详细讲解，这里就先不提了。

第二步，寻找合适的FA机构。你可以挖掘自己身边的资源，查找一下是否有靠谱的FA机构，然后与之签署协议，让它们帮忙进行投资。但是，不建议签署独家协议，这样可以找多家FA机构帮忙融资。FA机构的专业性比较强，也能在商业计划书上给予很多建议和帮助。

第三步，寻找合适且免费路演的平台。你可以在当地和其他城市搜索一些适合自己项目的路演活动，然后去参加路演。这样对于融资会有帮助，同时在活动现场能见识到很多项目，也能结识不少人。这对于开阔创始人的眼界和扩展人脉资源有很大的帮助。此外，正常的路演都是免费的。如果路演活动需要缴纳费用，那就不用考虑了，基本上是骗子圈钱的把戏。

总的来说，融资分被动和主动两种方式。被动融资是先做好基础工作，等待投资人伯乐找到你。包括进行公司品牌宣传，联合媒体发布亮点；在投资人平台免费展示项目；利用公司自媒体矩阵宣发业务知识和进展等，从而提升公司影响力和增加曝光渠道。主动融资则是主动找投资人，先撰写好商业计划书，再寻找合适的FA机构，不签独家协议，让其协助融资并提供建议；或者寻找免费路演平台参加路演，有助于融资，以及开阔眼界、扩展人脉，需警惕收费路演活动。总之，你可以根据实际情况选择合适的融资方式。

第三节
如何避免被坑

融资这个行业的水很深，骗子很多，所以融资需要谨慎。在这里，也给你分享以下两个坑点。

1. FA 机构的坑点

第一个坑点是关于FA机构。如果有相关的融资机构让你缴纳费用，声称可以帮助你撰写商业计划书，和投资人牵线搭桥从而促成融资等，但是需要你先缴纳2万元费用，然后阶段性地再缴纳10万元等。这一类融资机构基本就是坑。它们只是靠着一堆投资人通讯录列表，挣你这2万元、10万元的，并不会真心地帮助你去融资。虽然不排除也有靠谱的平台，但说实话很难去分辨，所以我建议如果这个机构需要缴纳费用，就不要理会了。FA机构是创业者和投资人之间的连接者，正规机构一般不会有任何前置费用，同时还会帮助你梳理商业计划书，以及协助你融资。它们的费用来自融资成功的融资金额几个点的抽成。这是资方认可的,也是可以给的,但融资前一般是不会收钱的。希望你切记这一点。

2. 投资机构的坑点

第二个坑点是关于投资机构。有些投资机构其实是没有钱的,但是会跟你说他们想投你的项目,先跟你签署投资协议,然后他们再去找钱投进来。这一类的也是骗子。正规的投资机构会按照协议约定进行投资的打款、变更等操作。

关于融资的方法和坑点就介绍到这里。我提供的都是我自己的方法、建议,以及看到过的一些实际情况。你可以根据自己的想法和人脉资源进行融资,融资过程中最重要的就是千万别缴纳过程费用之类的。常见的两个坑点是来自融资中介机构和投资机构。正规 FA 机构无前置费用,靠融资金额抽成获利,会帮助你梳理商业计划书以及获得融资。而正规的投资机构会按投资协议进行打款、变更等常规操作,不会先签协议再去找钱来投资。希望你在融资时保持谨慎,避免踩坑。

第四节

如何撰写商业计划书

前面讲解了我关于融资的看法、融资的方法和坑点。当你准备去融资的时候，就需要准备企业的商业计划书（Business Plan，简称BP）。这也是融资的前提，因为投资人的时间有限，不可能在不了解项目的情况下和你进行深入沟通，而商业计划书就是融资的敲门砖。当投资人看完商业计划书以后，如果有兴趣就会和你进一步沟通，所以商业计划书的内容就特别重要了。

我建议将整体计划书控制在10页左右，不要超过15页。形式建议是PPT，而不是WORD等其他形式。绝大多数投资人喜欢条理清晰、简洁明了的PPT样式，能把你的项目讲清楚就可以。

我根据个人经验，将商业计划书梳理为12个板块，并且进行了排序。分别是封面内容、市场前景、市场分析、市场机遇、产品介绍、商业模式、运营情况、核心优势、同类竞争、团队介绍、财务预测、融资目的。其中，在团队介绍方面，如果你的团队实力很强，可以放在封面内容下一页；如果团队不是很强，可以排到后面去，这个可以根据实际情况评估。接下来我挨个讲述每一个板块的细节内容。

1. 封面内容

封面内容包含项目名称和项目定位。就是用一句话说清楚项目是干什么的，另外附上公司名字、汇报人名字和汇报时间。可以有一些插图，如果插图不好配，就极简的背景也行。第一页传达的核心信息是让资方知道你的项目叫什么、是干什么的，你的公司是什么以及你是谁。

2. 市场前景

很多投资人关注的领域不同，可能不是特别了解你的项目所在的市场情况。这时你要告诉他市场的现状和前景。传递的核心指标有市场现有规模、增速、未来预期规模以及国家相关政策信息等，让投资人对市场有一个大致印象。可以通过数据来佐证你的说法，并标明数据的来源出处，以证明你说的是真实可靠的。这块内容不用复杂化，只传递一个关键信息：项目所在的市场未来的前景很美好。

3. 市场分析

介绍完市场前景后，讲一下市场现状分析。比如，市场的组成、受众群体，主要讲和自己的项目相关的部分就可以。通过

PPT和数据论证的方式展现出来，涉及的数据都标明来源。这里主要是为了让投资人对真实的市场情况有一定了解。

4. 市场机遇

市场机遇是指在这个市场中，你看到和发现的关键问题。这个关键问题可以是某一产品、服务、技术、商业模式等方面的需求或机会，然后把这个讲清楚。这也是为后续开始介绍项目做铺垫。这里重点传递一个信息：让投资人看到市场存在的问题，并且看到机会。

5. 产品介绍

产品介绍是讲述基于市场机遇中发现的问题，你做出了某款产品（或服务、技术等）来解决这个问题。这一板块要把它是如何能解决问题的讲清楚，重点传递一个信息：让投资人觉得你的解决方案非常棒，符合市场未来的发展趋势。

6. 商业模式

商业模式是讲述你的整体商业运作方式，主要有两点。第一，运营模式，即你提供的产品或服务怎样去解决问题。把你的运营模式讲清楚，这一点特别重要。第二，盈利模式，即你的产品在解决问题的同时是怎么赚钱的。不能只解决问题，却不赚钱！这里要将你是通过什么方式赚钱的讲清楚。赚钱方式不能太单一，要具有持久性，而且盈利的趋势是不断扩大的……这样赋予投资人一个特别大的想象空间，他们喜欢看这个。

这里重点传递两个信息：一是让投资人了解并认同你的运营模式；二是让投资人觉得通过这个模式可以赚很多很多钱。盈利的天花板很高，项目可以搞得很大，有很大的想象空间。

7. 运营情况

运营情况这里比较好理解，就是把你现在做到什么阶段、做出的成绩和成果展现出来。例如，产品布局做得如何，有没有上市；如果上市了，卖的销售量如何。简单来说，就是把你做出的成绩和成果用数据、图表等直观的方式呈现出来，让投资人知道你现在的进度和成绩。重点传递一个信息：让投资人认可你现阶段做出的成绩，相信你们是有能力和潜力把事情做成的。

8. 核心优势

核心优势这里，是把你认为公司比较具有核心竞争力的亮点讲出来，如工艺、技术、渠道资源等。你需要将自己拥有的核心能力和优势阐述清楚。重点传递一个信息：让投资人知道你做这个事情是有优势的。

9. 同类竞争

同类竞争这里，主要讲你的产品和竞品的区别。最好与同赛道中做得比较大的公司进行对比，与小公司对比意义不大，投资人也不会感兴趣。这一页就是把各家对手的定位、产品优劣写清楚，不用太复杂。只传递一个信息：通过对比让投资人知道你们在同类产品中和别家是有区别的，并且也是具备优势和特点的。

10. 团队介绍

团队介绍一般是放创始人和联合创始人简介。如果团队中有一些科研类的专家、教授等也可以放上去。放上每个人的头像、名字、职位、毕业院校、相关证书和荣誉，过往在××优秀公司的从业经历，擅长的能力和成就等。

团队实力是融资中需要重视的一点。很多投资人主要还是看人，在彼此不了解的情况下，通过看创始人团队的过去履历和情况，来识别是不是有能力的人。所以，团队介绍这里一定要看起来正规、专业。头像格式最好统一，显得更专业。重点传递一个信息：你的团队很牛，能把事情做成。

11. 财务预测

财务预测这块，一般是写未来三年的预测，即今年、明年、后年的财务预测情况。如果可以的话,最好写得详细一些。比如,公司各方面的开销、销售额、利润、利润率等,都展示未来三年的预测数据。重点传递一个信息:你的公司未来会很赚钱,销售额会越来越高,而且利润也会随着销售额的扩大而扩大。让投资人相信你的公司会越来越赚钱,而且很值钱。

12. 融资目的

融资目的,就是你拿到钱要干什么。这里不用说得太复杂,最好是一两句话概括。然后写清楚估值多少、出让多少股份、融资多少金额,并列上资金使用计划。资金使用计划通常可分为三项,包含团队扩充和另两项自己团队需要的地方,如技术升级、供应链升级、营销推广等。另两项可以根据项目的情况和需求来填写,但是团队扩充一定要有,最后附上融资负责人的联系方式。

重点传递的信息是,融资的目的是什么、准备给多少股份、要多少钱、钱怎么花。另外,可以加上一句"估值可以商量"。这样可以给双方留有余地,反正没到最后一步,以免投资人觉得估值过高而失去兴趣!

总的来说,融资需准备商业计划书,建议采用PPT形式且不超15页,内容分为12个板块,包括封面内容(项目名称、定位)、市场前景(展现市场现有规模、增速)、市场分析(介绍市场现状)、市场机遇(阐述市场问题与机会)、产品介绍(说明产品如何解决问题)、商业模式(阐述运营与盈利模式)、运营情况（展示现有成绩）、核心优势（突出公司亮点）、同类竞争（对比竞品的优势）、团队介绍（呈现专业、正规的团队）、财务预测（展示未来赚钱趋势）、融资目的（明确用途、估值等）。团队介绍可根据实际情况调整位置，各板块重点传递一个特定信息，以吸引投资人进一步沟通，为融资成功奠定基础。

第五节

如何估值

这本书面向创业初期的人群，所以融资这章和其他章的内容都是关于这个阶段的。关于创业初期的公司估值，有两点需要注意。

第一，这个阶段创始人和联合创始人或股东等的出资不会太多，一般在200万元左右或以下。第二，项目刚起步，收入也比较低。这个阶段通常属于天使轮融资，而天使轮的投资金额一般是100万~500万元，所以估值不会很高。

这时的估值如何计算没有严格的标准，而且比较难根据市场情况来评估。一般是创始人和联合创始人沟通想要多少钱，以及能出让多少股份来计算出估值。等到你的公司发展到A轮、B轮融资阶段，估值可以根据收入、资产、毛利、现金流、市场趋势等情况综合评估得出。

创业公司在初期阶段各方面还不成熟，估值难以精确是一回事，况且投资人认不认可你的估值还是另一回事。初期阶段的融资更多是决定需要多少钱、能够出让多少股份，报一个1000万~2000万元的估值给投资方即可。其实，如果真到了投资人确定投资那一步，对方会跟你商量估值、投资金额和所占股份的。所以，关于估值不必太在意，反而确定好融资多少钱、给多少股份更重要。

我建议初期融资出让的股份，最好控制在10%~15%，最高不超过20%。这样方便后续再融资时，手里的股份充足，能更好地确保创始团队的股权和话语权。以上是关于估值这块我个人的建议和理解，特别情况特殊处理即可。

第六节

融资的流程

融资的流程其实不复杂，唯一复杂的是融资中的尽调环节，那个环节需要准备大量内容。下面先介绍一下融资流程，关于尽调内容我会在下一节详细讲解。这里的融资流程是按照目前常规的操作流程来写的，一般公司融资基本上都是按照这个流程。

1. 撰写商业计划书

融资流程的第一步是撰写一份关于项目的商业计划书。商业计划书如何撰写前面已经讲过，就不多作介绍了。当第一步迈出去后，就可以开始第二步了。

2. 对接投资人

在融资方法一节里提到过如何让投资人主动找到我们，以及我们如何去找到投资人，分享过不少相关的方法，这里也不多介绍了。

3. 投资人会议沟通

若投资人看完商业计划书后，对你的项目比较感兴趣，就可以约定会议沟通。一般情况下，大家先进行线上会议沟通。开会时最好创始人和联合创始人都到场，这样方便投资人提问时及时回应所有问题。一般会议流程是，双方人员先做简单的介绍，以便你方对投资人公司也有初步的了解；然后，由创始人把商业计划书再讲一遍，整个过程中可以让投资人随时打断和提问，具体的就看你们怎么沟通了。

在会议沟通这一环节，我也遇到过一些投资人看完商业计划书以后，直接选择去项目公司进行线下开会了解的。碰到这种情况也是很正常的，还是按照开会流程走。提醒一下，如果投资人不愿意线上沟通，也不愿意去项目公司，非要让你大老远地跑到他那里去聊项目，那么这种情况一般不靠谱。他可能另有所图，所以这时就要谨慎考虑了。如果你和投资人在同一个城市，还能试探一下；如果双方是异地，会产生较高的额外交通成本，那么我建议不要过去。一般投资人若对项目感兴趣都会接受线上沟通，或者直接去项目公司实地考察，这样才不浪费双方的时间。而且正常情况下，线上沟通结束后，也是由投资人主动提出去项目公司进行实地考察。这也是投资人后续若真的要投资，需进一步了解，以更好地确认项目真实性的正常操作。

4. 参与尽职调查

与投资人沟通完毕后，如果投资人对你的项目特别感兴趣，想对公司各方面情况进行实际了解，这时便需要项目方准备大量的尽调资料。这个环节必须让投资人出具尽职调查保密协议，签署完协议后，再准备资料给对方。这样是确保你的公司的各方面信息不被第三方所知晓。一般来说，只有投资人特别感兴趣才会开始尽调，否则不会那么麻烦地折腾彼此，也浪费大量时间。相反，如果能走到尽调这个环节，说明有融资成功的可能性。

需要筹备的尽职调查资料特别多、特别细，我会在下一节"如何撰写尽职调查报告"中阐述。准备尽调协议的时间一般为

7～15天；投资人拿到尽调资料后进行汇总、向上汇报，然后确定是否投资一般需要15～30天，具体要看情况而定。

5. 谈判投资条款

尽调结束后，通常投资人会把相关资料进行汇总，然后向上汇报，从而决定是否进行投资。如果决定进行投资，投资人就会和项目方谈判关于投资的条款。一般来说，就是估值、出资额、股份比例等问题，双方需要来回地切磋协商，最终达成一致。能走到这一步，就提前恭喜你的项目要融资成功了！但也需要耐心沟通，这个阶段的谈判周期会比较长，一般也需要15天～1个月才能协商完成。

6. 签署投资协议

当投资条款的具体内容协商完毕后，投资方会出具投资协议给项目方进行确认。这时你要严格查看每一个条款内容，并就有疑惑的地方与投资方确认。因为这个协议一旦签署就无法再更改，代表着双方未来会长期利益捆绑和一起共事，所以要严格地确认。此外，要明确打款周期。一般情况下打款分为2笔，在协议签署后打款50%，股权变更完成后再打款50%。应该明确规定每次打款时间，并写进合同里。

协议内容全部确认好了以后，就是签署协议。签署投资协议的地点一般是投资人的公司，这样签完后大家会一起吃个饭，好好聚一聚。毕竟，未来双方就是自己人了，把与投资人之间的关系维护好是挺重要的。一方面，人家信任你，把钱给你去做项目，冲这一点就应该把关系搞好；另一方面，后续你的公司遇到融资或其他问题，投资人也能帮得上忙。毕竟对方在融资这方面更专业，而且投资人的人脉和圈子会比较广，对你的项目未来的帮助也会比较大。

至此，融资的流程就讲完了。按照我目前的了解和亲身经历，流程大致就是这样。在融资过程中和签署协议时需要严谨对待，不能为了钱就随便签协议。至于根据什么公司类型选择什么样的投资方合适，这个主要看你的需求，可自行决定。

总的来说，融资流程包括撰写商业计划书、对接投资人、投资人会议沟通、参与尽职调查、谈判投资条款以及签署投资协议。其中，投资人会议沟通可以是线上或线下的方式，应谨慎对待不合理的要求；尽调环节需准备大量资料；投资条款谈判周期较长；签署协议应严格确认内容，并明确打款周期；融资过程要严谨，根据公司类型和需求来选择投资方。整个流程照此进行，有助于你提高融资的成功率。同时，建议维护好与投资人的关系，为公司的未来发展提供助力。

第七节

如何撰写尽职调查报告

尽职调查内容单独来讲,是因为这部分内容繁多,而且特别重要。如果说商业计划书是一块敲门砖,或一个"钩子",那么尽调报告就是融资的核心。尽调报告撰写得好不好,很大程度上决定了你是否能拿到融资。

下面对于尽调报告该怎么写,做一个分享。这是我之前融资时,资方提供的尽调协议的框架,包括公司概况、资产经营、管理结构和对外投资、关联交易、行业情况、产品和市场情况、销售模式、人力资源、产品技术、财务情况及预测、发展定位、融资额度和项目估值。你可以提前看一下,对于尽职调查有个整体的认识,能提前做准备就提前做准备。

1. 公司概况

(1)公司设立时间、注册资本、股东名单、出资方式、出资额以及出资比例;

（2）公司各股东实缴注册资本的转账凭证；

（3）公司历次股权变更、估值情况；

（4）其他材料：

● 营业执照、公司章程复印件、工商内档资料（扫描版）；

● 实际控制人的身份证复印件、学历证书复印件、人民银行征信报告；

● 其他团队核心成员的身份证复印件、学历证书复印件（扫描版）。

2. 资产经营

（1）公司已提供和将来要提供的产品或服务列表（详细说明）；

（2）公司主要资产状况：土地、房产、主要设备等的数量、购置价格，并提供土地、房产、商标、专利等的产权证明文件（扫描版）；

（3）公司最近两年（如2018年、2019年）和最近一期（如2020年Q1）的资产负债表、利润表、现金流量表；

（4）公司成立至今的收入支出流水明细；

（5）公司成立以来团队历次分红记录清单；

（6）公司主要债务人、债权人以及担保抵押、法院诉讼情况。

3. 管理结构和对外投资

（1）公司内部组织结构图、各部门职责的介绍；

（2）公司参控股企业的业务、股权结构、经营状况等介绍；

（3）相关材料：公司内部管理制度或文件。

4. 关联交易

公司各股东名下设立公司情况介绍，是否从事或投资与本公司业务有竞争关系的业务，如有，请详细列明。

5. 行业情况

（1）本行业的整体发展趋势的介绍；

（2）该行业的总市场容量、市场增长率和其判断依据（提供数据来源或出处）。

6. 产品和市场情况

（1）本行业内的主要竞争对手的名单，以及对竞争对手所占市场份额的分析；

（2）公司在价格、分销渠道及促销手段等方面与竞争对手的比较（双方优势所在、我方优势的判断依据、对方优势的相应对策）；

（3）公司产品的可替代性和进入壁垒分析；

（4）公司的核心竞争优势的说明。

7. 销售模式

（1）详细列出B端和C端客户的获客成本以及推广（引流）模式；

（2）列出现阶段销售战略或计划，该计划中的要点是什么，如遇较大阻力将如何调整等；

（3）公司订单的回款模式、回款周期；

（4）现有市场对公司产品的认知度如何，以及如何开发潜在客户；

（5）公司主要客户（B端）清单列表，以及核心客户对产品的评价；

（6）公司成立至今的客户清单（包括合同编号、客户名称、签约时间、服务内容、总价）；

（7）公司后台运营数据截图（注册用户数、月活数据等）；

（8）公司上游供应商清单列表。

8. 人力资源

（1）人力资源统计表（包括在职员工的姓名、年龄、最高学历、毕业院校、专业、部门、职位、工资）；

（2）公司核心团队成员的个人简历（详细版）；

（3）公司的人才激励计划，如员工持股计划、期权制度等。

9. 产品技术

（1）企业目前的研发能力如何，创新性或技术优势的体现；

（2）每年的研发支出如何，以及成本投入的合理性。

10. 财务情况及预测

（1）公司未来3年的财务预测，以及预测依据；

（2）公司目前的财务状况（营业额、利润额等），实际与预期的对比情况等。

11. 发展定位

（1）公司的发展蓝图和愿景；

（2）公司发展定位与市场需求、行业趋势的契合点；

（3）为实现发展定位所制定的阶段性规划或考核措施。

12. 融资额度和项目估值

（1）此次资金募集额度及用途；

（2）项目估值及依据；

（3）所募集资金的使用计划。

尽调协议里有些内容根据每家公司的实际情况，会有一些特别的内容调查，但以上涵盖了大约80%的尽调内容，足以把你公司从里到外都调查得特别清楚。这对于投资方也是很正常的，你不用太担心。上述要点都很重要，你一定要认真整理。在这12项中，我认为最重要的是第6项产品和市场情况、第7项销售模式和第10项财务情况及预测。这三点在撰写的时候，思路上要开阔、体现格局，逻辑上要通顺，要能让资方认可你的项目，为他们营造出一个很大的想象空间。

当你走到尽调环节时，说明你的项目是很不错的。到了这个环节应该认真对待，仔细思考怎么去准备资料、怎么组织和撰写内容。建议你在融资之前，就把这些尽调内容提前准备一下，或者思考一下。这样真正到了这一步时不至于手忙脚乱的，才能给出更优质、更完善的资料。

第八节
融资后有哪些忌讳

1. 盲目膨胀

融资之后，第一点忌讳的是心态上的盲目膨胀。金钱容易让人过度自信，过度自信就容易陷入膨胀的心态，说话做事的风格都变了。这里指的不仅是创始人，还有联合创始人以及团队。这是人性，所以这时特别忌讳盲目膨胀，你一定要让自己、联合创始人和团队保持清醒，时刻具有危机感，而不是盲目地乐观。那样会在很大程度上影响决策，也会在对外合作上犯很大的错误。创始人要谨记这一点。

2. 盲目扩张团队

融资后第二点忌讳的是盲目扩张团队。认为有钱了就可以招更多的人来做事，这是不对的。人员开支是公司相当大的一块成本，而且人越多就代表开支越大，融资的钱早晚会花光。此时更应该控制成本，把融资的钱谨慎地花在融资目的上。当公司的营收状况不是很好的时候，更要谨慎扩张团队，控制好开支。切勿浪费，创始人要深刻地明白，赚钱的速度永远赶不上花钱的速度。

3. 盲目发展

融资后第三点忌讳的是盲目发展，带来盲目的投入。这时盲目发展导致的结果就是，钱花出去了，但是事不一定办成。一定要想清楚发展能否为公司带来有效的收入再去发展，不能为了发展而发展。也不能为了短期做出成绩而盲目发展。该发展的还是要发展，但要把每一分钱花在刀刃上，有看得见的效果和收益才行。

4. 断送融资后路

如果你这次融资的钱没能给公司带来飞跃性的变化，不能让公司维持在短期稳定或长期稳定的状态，那就说明这笔钱没花好。这对于你下次的融资是非常不利的。所以，融资后一定要谨慎，因为它不仅关系到现在，还关系到公司的未来发展和存亡。

综上所述，融资后有四点忌讳。一忌盲目膨胀，包括创始人、联合创始人和团队都可能因财富而陷入盲目自信，影响对内决策和对外合作，应保持清醒和危机感；二忌盲目扩张团队，因人员开支大,应控制成本,谨慎地将资金花在融资目的上,避免在营收不佳时大量招人;三忌盲目发展导致的盲目投入,要想清楚发展能否带来有效收入,不能为发展而发展,要把钱花在刀刃上,有看得见的效果和收益;四是若此次融资的钱不能带来飞跃性变化,不能让公司长期处于稳定状态,会对下次融资很不利。所以,融资之后也要谨慎对待。总之,融资是推进器而非救命稻草,创业者在融资过程中要保持理性,做好充分的准备,谨慎决策,确保公司的稳定发展,为未来奠定基础。

本章要点提炼

◆ 你需要融资吗

1. 融资不重要：创业初期，公司未收支平衡或盈利时不应考虑融资，应优先跑通商业模式。

2. 融资重要：公司实现短期稳定后，谋求新发展且资金不足时可融资，融资后需合理花钱、循序渐进，确保账上资金充足。

◆ 两种融资方式

1. 被动融资：做好品牌宣传，等待投资人，如联合媒体发布业务亮点、在自媒体搭建宣发矩阵、在投资人平台免费展示项目等。

2. 主动融资：主动寻找投资人，如撰写BP、寻找FA机构、参加路演活动等。

◆ 如何避免被坑骗

1. FA机构的坑点：有些FA机构让缴纳费用，属于坑。正规FA机构无前置费用，靠融资金额抽成获利。

2. 投资机构的坑点：有些投资机构让先签协议再找钱，属于坑。正规投资机构会按协议打款、变更，融资过程中不应缴纳过程费用。

◆ 如何撰写BP

1. 封面内容：介绍项目名称、定位。

2. 市场前景：展现市场现有规模、增速，凸显市场潜力。

3. 市场分析：介绍市场组成、受众，以数据论证现状。

4. 市场机遇：阐述市场存在的问题，为引出项目做铺垫。

5. 产品介绍：说明产品如何解决市场问题，凸显优势。

6. 商业模式：讲清运营与盈利模式，赋予投资人想象空间。

7. 运营情况：用数据展示现有成果，体现团队能力与潜力。

8. 核心优势：突出公司亮点如工艺、技术、渠道等。

9. 同类竞争：对比竞品，展现你的差异性和优势。

10. 团队介绍：介绍团队成员，展现正规、专业的实力背景。

11. 财务预测：展示未来3年的盈利趋势。

12. 融资目的：说明融资的用途、估值、股份及使用计划。

◆ 如何估值

1. 融资额度：创业初期多为天使轮融资，估值无严格标准，一般为1000万~2000万元。

2. 出让股份：初期融资建议出让10%~15%股份，不超过20%。

◆ 融资的流程

1. 撰写商业计划书：厘清整个项目，并吸引投资人。

2. 对接投资人：运用多种方法，积极对接潜在投资人。

3. 投资人会议沟通：可线上或线下，警惕不合理会面要求。

4. 参与尽职调查：投资人感兴趣后，签署尽调保密协议，需准备大量资料。

5. 谈判投资条款：投资人决定投资后，谈判估值等投资条款，可能周期较长。

6. 签署投资协议：严格确认条款内容，明确打款周期，签订后维护与投资人关系。

◆ 如何撰写尽职调查报告

1. 公司概况：梳理公司基本情况、历史沿革与股东信息。

2. 资产经营：呈列产品服务、资产状况及财务报表。

3. 管理结构和对外投资：介绍内部组织、部门职能、参控股及管理制度。

4. 关联交易：说明各股东关联公司，是否涉及本公司的竞争公司。

5. 行业情况：分析行业趋势、市场容量与增长率。

6. 产品和市场情况：剖析产品与竞品对比、优势与替代壁垒等。

7. 销售模式：梳理获客模式、销售计划、回款模式等。

8. 人力资源：统计人力信息，展示激励机制。

9. 产品技术：阐述研发能力、研发支出。

10. 财务情况及预测：提供未来3年财务预测和依据。

11. 发展定位：阐述发展愿景、与市场趋势的契合点及发展规划。

12. 融资额度和项目估值：详述募资额度、用途、估值和阶段性使用计划。

◆ 融资后的忌讳

1. 盲目膨胀：避免自我膨胀，创始人、团队应保持清醒和危机感。

2. 盲目扩张团队：不要随便扩编人员，始终控制成本，保持利润最大化。

3. 盲目发展：发展决策要慎重，确保投入能带来收益。

4. 断送融资后路：若融资效果不佳会对下次融资不利。

第十章

创始人

你的认知决定公司的上限

第一节

创始人是公司的灵魂

"创始人"这一章是我创业过程中看到的问题和总结。这是我创业这么多年积累的经验,也是我认为对创业和创始人最重要的一些点,并不是向大家灌输鸡汤和成功学概念,教大家怎么成功,只是把我自己创业的经验进行归类和总结分享出来,帮助你在创业初期少走一些弯路。

创始人是一个公司的灵魂。为什么这么说?其一,创始人发起这个项目,对于公司的未来和发展是有充分考量的。其二,就上心程度来说,公司其他任何人都比不上创始人。并不是说其他人不上心,只是无法和创始人相比。其他人不想干了,可以拍拍屁股走人,但创始人不行。创始人将团队成员聚集到一起,为了一个目标去奋斗。其他成员不干了,创始人可以想办法解决和弥补;但如果创始人不干了,公司就会变成一盘散沙,很难再继续发展下去。其三,创始人的特点决定了公司的基因和整体风格。一个创始人的能力和特点决定了这个公司擅长往哪个方向发展,形成了公司的基因;同时他的特点和品质也会形成公司固定的文化风格。人与人是相互吸引和相互影响的，有什么样的创始人，就会有什么样的公司文化。

其四，创始人的综合能力决定了项目的上限。创业对于创始人的要求非常高，创业与上班非常不同。员工上班只需把自己职责范围内的工作做好，而创始人则需把整个项目的所有事情都考虑到。其中牵涉方方面面，需要创始人成为一个多面手，能灵活地解决遇到的各种问题。创始人也会影响项目的走向，一个项目能否发展壮大、最终的结果如何，与创始人息息相关。

坦白地讲，我也不是很优秀的创始人，只能算一般的。一个优秀的创始人需要具备不同的能力，才能把事情一步步做好。在"创始人"这一章，我根据个人经验把我认为优秀创始人需要具备的特点做了整理，这里给读者们分享一些重要内容。

第二节

创始人需要提升哪些方面

创始人的综合提升涵盖多个方面，这对于公司的发展也十分重要。

在心态方面，创始人需具备积极乐观、坚韧不拔的品质。创业之路充满挑战与不确定性，良好的心态能让你在面对困难时不轻易放弃，始终保持对未来的信心。遇到挫折时，要以平和的心态去分析问题、寻找解决方案，而非陷入焦虑和恐慌。

在品质方面，诚信、责任感和担当精神不可或缺。诚信是建立良好商业关系的基础。创始人对合作伙伴、员工和客户都要做到言出必行。责任感促使创始人全身心投入公司的发展中，为了实现共同的目标而努力。担当精神则意味着在出现问题时，你敢于站出来承担责任，而不是推诿。

在能力方面，创始人需成为多面手。你不仅要有卓越的领导能力，还要具备市场洞察力、财务管理能力、团队建设能力等。了解市场动态，准确把握商机，合理规划财务，打造高效团队，这些都是推动公司前进的关键。此外，讲故事的能力也很重要。一个好的故事能够吸引人才、投资者和客户。创始人要学会讲述公司的愿景、使命和价值观，让人们为这个故事所打动，愿意加入你的团队而共同奋斗。

最后，特别强调在处理问题方面，创始人需要冷静果断。一方面，要能快速分析问题的本质，制定有效的解决方案。另一方面，要善于协调各方资源，确保问题得到妥善解决。

总而言之，创始人的提升需要涵盖心态、品质、能力和处理问题等多个方面。以积极心态面对困难，以诚信担当履行责任，以多种能力发展推动公司前进，以讲好故事吸引人才与投资，并且冷静而理性地处理问题。综合提升这些素质，为你的公司发展奠定坚实的基础。接下来几节会具体阐述如何提升心态、品质、能力和处理问题的素质。

第三节
五个心态

1. 稳定

我认为创业中,创始人的心态稳定特别重要。心态稳定才能更理性地处理所有事情,降低决策上的失误,或者应对过激问题等。所以,一定要让心态随时随地处于比较稳定和积极的状态,这样对于项目发展很重要。我知道这非常困难,但可以慢慢学习,我个人也在慢慢学习。建议你可以看一些关于心态方面的书籍,加强对心态的认知,以及练习如何保持一个良好的心态。

2. 乐观

如果你想成为一个优秀的创始人,心态上要保持乐观。开始创业的那一刻起,你就踏上了一场遥远而前途未知的旅程。在这场旅程中,你会认识很多人,遇到很多事情。而且遇到的大多数人和事情是比较糟心的,每次都会让你特别疲惫、特别沮丧,让你对人性的看法发生很大的改变。这时候心态的调整对你来说是最重要的，因为创始人的心态对团队其他人影响巨大，所以无论什么时候都要保持一个乐观、积极向上的心态。

3. 自信

自信也是心态上特别重要的一点。创业期间，无论你做什么事情，总会有不认可、不看好的否定声音出现，你在心态上会被打压得很厉害。这时保持自信是很重要的，不要因为外界的声音而否定自己，影响你的自信心。在创业道路上，创始人应该深度思考所听到的外部意见，该反思的反思，该调整的调整，然后保持自信继续前进。相信随着时间和经验的增长，你和企业会变得越来越好。

4. 信念

创业是特别难的一件事，如履薄冰，困难重重。这时如果你想坚持走下去，信念就特别重要。你要有信念能把事情处理好，坚信能把项目一步步做好。如果创始人丧失了信念，那么项目或公司基本就完蛋了。所以，一旦开始创业就要有信念，有信念才能坚持，坚持才能慢慢做起来。

5. 不纠结

创始人一定不要过于纠结。无论是对事还是对人，都不要纠结。越纠结，问题就越复杂。在小事上纠结容易把自己的情绪陷进去，从而把小问题放大，造成更大的冲突。当你发现自己在不停纠结的时候，一定要赶紧停止，学会以结果为导向。不要在一些细节或者小事上纠结，只要关注结果，按照约定或规则处理。把时间和心思放在怎样把项目发展得更好，或其他更重要的事情上。纠结会特别影响心态，让你很累，一定要该吃吃、该喝喝，不要把人和事看得太重。聚焦在目标和结果上，其他的不必在意。

总而言之，创始人需具备多种心态。心态稳定可降低决策失误，应保持情绪稳定，可通过阅读心态书籍学习。乐观很关键，创业旅途多糟心事，创始人心态会影响团队，应始终积极向上。自信也不可少，面对否定声音，要深度思考后保持自信前行。信念在创业艰难时支撑前行，你要坚信能做好项目。此外，创始人不能纠结，纠结易放大问题，应以结果为导向，把时间和心思放在发展项目上。聚焦于目标和结果，不为小事和众人所累，保持良好心态以促进项目发展。

第四节

四个品质

优秀的创始人身上通常具备很多优秀品质。说实话,我也很难说清楚到底拥有多少优秀的品质,才能算得上优秀的创始人。但品质越优秀的人,吸引的人才会越多。关于品质这部分,我将个人认为比较重要的几点分享给你。不一定全面,但可以给你一些参考。

1. 正直

正直是最基本的品质。正直代表着靠谱、正派、守规矩、可信任、不会乱来。无论是找合伙人,还是合作者,正直都很重要。合作的基础是对方是一个正直靠谱的人,只有确定对方是一个正直靠谱的人,才能合作并且长期合作下去。试想一下,如果对方不是一个正直的人,与之合作,你怎么确保自己的利益呢?我认为优秀的创始人一定要具备正直这个品质。

2. 不拘小节

我见过很多发展得不错的创始人，无论在合作还是为人处世上，都具备不拘小节的品质。不拘小节的意思是对事对人不会有太多的计较，看得比较开。其实在创业路途上，不拘小节很重要，因为你不可能把什么事情都算得很清楚。没人喜欢把事情都算得特别清楚的人，这样的人会让人觉得不好相处，很难说话，会把路越走越窄。反而是不拘小节的人，大家都很喜欢。他们无论是工作还是合作都比较好相处，遇到什么问题都容易解决。

3. 同理心

同理心很重要，就是能站到对方的角度和立场去思考和看待问题。说话、做事能考虑对方的感受，而不是只考虑自己的感受。坦白说，具有同理心的人很少。很多人只会考虑自己，不会考虑别人，更别说顾及对方的感受了。一个优秀的创始人必然具备同理心，说话做事时保持同理心。他在考虑利益互惠的同时，能站在别人的角度思考，走进别人的内心。创业是一件特别艰难的事情，如果创始人不具备同理心，是很难走得长久的。

4. 感恩心

一个优秀的创始人必定懂得感恩，能对于帮助过自己的人、对自己好的人心存感恩，能明白这一切都是来之不易的。没有谁就应该对谁好，或者应该帮助谁。所以，一定要心存感恩，不能把别人对自己的好视而不见，也不能视为理所应当，而要做到将心比心。懂得感恩的人路会越走越宽，不懂感恩的人路会越走越窄。

关于创始人的品质，我只提到了这四点。这四点是我认为最重要的，并不是说优秀的创始人只需要具备这四点，而是这四点是优秀创始人的基本要求。这四点也是我个人比较看重的，所以分享给你。我相信每个优秀的创始人身上都有不同优秀的品质。希望你在成为一个创始人之前，要让自己的品质变得更加优秀，这样才能在创业过程中走得更顺利一些。

第五节
三个能力

创始人作为公司的核心人物，需要具备多种关键能力。当然，一个项目的创始人通常对该领域有一定的专精知识或专业技能，那属于"八仙过海，各显神通"。这里主要介绍作为创始人应该具备的能力，包括格局、眼光和执行力。

1. 格局

一个优秀的创始人一定具备格局。格局包含的挺多的，我只提两个要点。我认为格局主要体现在说话、做事上。首先是说话，优秀的创始人在日常说话上会很有水准，不会扯一些有的没的。说话能说到点上，能看到问题的核心所在，而且不会去纠结琐事。他们能把话说到位，并把话放在明面上说，不会去背地里说三道四。通过谈话，让对方感受到你是一个有格局的人，而不是一个愣头青或者不会说话的创始人。第二是做事，能把问题都处理好，并且把事情都放在明面上处理。他们出现问题时不会逃避责任，有担当，不会给自己找借口，也不会背着别人搞一些小动作。在我眼里，能够这样说话做事的人，都是有格局的人。把说话做事做到这个程度，已经是非常不错的。

2. 眼光

创始人应具备的第二个能力，是眼光。看待问题的时候，能看得更深一些、更远一些。他们不只考虑现在，盯着眼前利益，更能考虑未来。我认为眼光是创始人能力中特别重要的一点，而眼光的练就是需要阅历和经验的。所以，我能给的建议是，在考虑事情时，能够更深入、更全面、更长远、更完善。关于眼光这方面，需要多思考、多实践，这样就会越来越好。

3. 执行力

创始人应具备的第三个能力，是执行力。一个优秀的创始人在做事时，一旦考虑好，那么执行一定会很快。创始人的执行力决定了团队的执行力。优秀的创始人在执行上不会慢，不会犹犹豫豫、做事拖泥带水的。他们做出决策后，会快速执行、快速推进。特别是在创业初期，如果执行得太慢，就会导致耗人耗力，结果事情没办成。所以，执行力是创始人的能力中最落地的一点。我个人对执行力看得就特别重，高效执行是很重要的。

我分享的主要是这三点能力，这也是创始人除去本身技能之外，最重要的三点能力。格局体现在说话做事有水准，能直面问题不逃避。眼光方面要看得深、远、全，需多思考和实践。执行力决定团队行动速度，优秀创始人应快速执行，不犹豫。希望本节能为你提供一些参考，帮助你在创业路上走得更顺。

第六节

学会讲故事

创始人要会讲故事,是我创业这么多年深有体会的一点。故事讲得好,事半功倍;故事讲得不好,事倍功半。无论你在未来融资、找合伙人,还是商业合作,以及员工激励上,讲故事能力都用得上。我创业这么多年,也是近两年才意识到会讲故事的重要性。如果故事讲得好,就像拍电影一样,起起伏伏的,能吸引很多人,引发人们的思考和无限遐想。关于如何讲故事,有以下一些要点。

1. 讲商业计划书

创业者在讲述自己的商业计划书时,千万不能从项目本身开始讲。尤其是在创业前期,项目数据和情况通常一般,规模很小,很难吸引人。你要学会从赛道开始,一步步讲到自己的项目上,然后再讲未来怎样,这样会更好。更具体的叙述步骤如下:

第一步:讲行业。

这个行业的过去如何、现在如何？目的是让投资人对行业背景有一定的了解。

第二步：讲行业趋势。

这个行业未来会朝着哪个方向发展？受众、市场容量等有何变化趋势？目的是让投资人对行业趋势有一定的认识。

第三步，讲赛道。

赛道的过去状况、现在状况如何，未来会朝哪个方向发展？目的是让投资人初步了解你所做的赛道。

第四步：讲产品。

你团队的核心人员都是谁？产品是怎么做的？为什么要这么做产品？优势、特点是什么？目的是让投资人知道你的产品的优势，以及为什么你能把事情做成。

第五步：讲商业模式。

你的商业模式是如何运作的？怎么赚钱？未来能赚多少钱？目的是让投资人清楚地知道你怎样赚钱和将来能赚多少，给对方一个较大的想象空间。

第六步：讲现状。

你现在进展到了什么阶段？取得了什么成绩？把这点讲清楚，目的是让投资人了解你目前做出的成绩，对你的项目和团队更有信心。

第七步：讲融资目的。

你为什么要融资？估值多少？出让多少股份？融资多少？钱怎么花？目的是让投资人了解他需要投多少钱、占多少股份，然后让他觉得很值，愿意出钱。

通过这七步一步步铺垫地讲,不能一上来就谈钱。要先把整个事情讲清楚,让投资人感兴趣,最后再谈钱。

2. 讲产品

讲产品的核心思路是:因为什么情况,导致出现了什么问题,发现问题后如何去解决了这个问题。细分也是七步,下面以骨关节修复产品为例。

第一步:讲发现问题。

从现实生活出发,发现问题,比如,"随着人的年龄越来越大,人体内××成分不断减少,然后关节就会出现问题"。

第二步:讲解决问题的经过。

比如,"我们与某某大学、某某教授合作,经过了××次临床试验,发现海洋植物对人体的伤害更小,所以开始对海洋植物加大研究投入"。

第三步:讲解决方法。

比如,"我们发现从海洋植物类的某种植物中提取到的某种成分,可以修复人体的骨关节,而且效果特别明显"。

第四步:讲产品的效果。

比如,这个产品是怎么修复骨关节的?"人体骨关节出现问题是因为体内××成分减少,正好从这个植物中提取到的××成分,可以补充人体减少的××成分,因此可以用来修复骨关节"。

第五步：讲如何证明效果。

比如，"我们的产品已经过××次临床试验，以及××个实践案例，来证明是有效果的"。

第六步：讲市场反馈。

比如，"该产品一共卖了多少，有哪些渠道在卖，荣获了什么奖项，等等"。

第七步：讲产品的未来展望。

先讲一下初心，再讲未来展望。比如，"我们的初心是为了帮助大家更好地修复骨关节，所以会谨记这一点，未来努力研发更好的产品，帮助大家更加健康，等等"。

我创业多年来，深感创始人会讲故事的重要性。在讲商业计划书时，应从行业讲起，逐步铺垫，包括行业的过去、现在、未来趋势，然后讲赛道、产品，再讲商业模式、公司现状及融资目的等，以吸引投资人。在讲产品时，要说明问题产生、解决过程、解决方法、产品效果、效果证明、市场反馈和未来规划。我认为会讲故事能在融资、找合伙人、商业合作和员工激励等方面事半功倍。

希望我的经验能为你提供参考，让你更好地展示自己的项目和产品。我自己在讲故事方面也不是很好，也在不断学习。讲好故事对于创业真的十分重要，希望你能重视。

第七节

处理问题七个原则

1. 倾听

优秀的创始人一定具备很好的倾听能力。有效的倾听对于沟通和处理问题非常重要。我过去也是一个不太懂得倾听的人,但随着创业的进行,越来越发觉它的重要性。它可以让复杂的问题变得更简单。无论是合伙人之间、团队内部或对外合作上,倾听都能为你在处理问题时发挥出意想不到的效果。所以,倾听很重要。

2. 不着急下结论

创始人无论遇到好的事情还是坏的事情,都不要在第一时间答应或者否认。你应该在深度思考和真正冷静下来以后再回复,至少用30分钟好好地思考一下。因为你无论是答应还是否认,一旦说出去就很难再改变。所以,当你遇到事情时,千万不要急着下结论,多与合伙人或朋友沟通一下,听听第三者的意见,综合考虑之后再进行答复。

3. 不轻易承诺

创始人无论是对合伙人，还是对员工或外部合作方，都不要轻易承诺。一旦承诺，后续如做不到，会产生很大的纠纷和矛盾。遇到事情一定要冷静，千万不能因为特别高兴或生气，就去承诺一些事情。宁可什么都不说、什么都不做，也不要轻易承诺。如果你有应承的意向，可以悄悄地放在心里，不用告诉对方；等有能力兑现了，直接兑现即可。不用前期承诺给对方，万一办不到或者不想兑现承诺，都很麻烦。所以，一定不要轻易承诺。

4. 不冲突

优秀的创始人要学会不与任何人发生冲突。第一，不与合伙人发生冲突，因为那会影响合伙人之间的信任，对项目的影响极大。第二，不与团队成员发生冲突，因为那会给团队管理和员工稳定性带来很大影响。第三，不与合作方发生冲突，因为那会影响彼此之间的合作关系。第四，不与行业内的人发生冲突，因为你不知道对方还认识谁。如果发生了冲突，对方在行业圈内给你小鞋穿，那对于你的项目进展会很不利。所以，一定要在这四方面不发生冲突，保持良好的关系，这样对于项目才更有利。除了以上四个方面外，请尽可能避免和任何人争执，争执带来冲突，会把关系闹僵。意见不合可以深度沟通，沟通不了就冷静下来再沟通，或者让其他人代为沟通，也不要发生冲突。

5. 多沟通

遇到问题时，一定要多沟通。沟通是处理问题的最好方式，沟通时注意说话的语气和方式。一次沟通不了，就多沟通几次。沟通得多了，很多问题就能更好地解决。千万不要暴力沟通，那样只会把问题变得更复杂。

6. 多坚持

遇到无法沟通和解决的问题时，就缓一下，多坚持一下。说不定今天不能处理的问题，过几天就能解决了。很多合作都是这样，需要时间去磨合，所以尽量多坚持一下。

7. 以解决问题为目的

处理问题时先想想你的目的是什么，以目的为核心，千万不能掺杂个人情绪或其他。用对方认为是友好的方式去沟通，才能将问题更好地解决。

总的来说，优秀创始人处理问题时应做到：善于倾听，它能有效处理问题，让复杂问题变简单；遇事不着急下结论，需深度思考、冷静下来，多听取他人意见再做决定；不轻易承诺，以免产生纠纷或矛盾；避免与合伙人、团队、合作方及业内人士发生冲突，保持良好关系，才有利于你的项目；遇到难题时多坚持，说不定过几天就能解决；还要多沟通，以解决问题为目的，注意语气和方式，不掺杂个人情绪，用友好的方式沟通。希望我的经验能帮助你更好地处理问题，推动项目发展，成为更优秀的创始人。

本章要点提炼

◆ 创始人是公司的灵魂

创始人对公司的用心程度最高,创始人的特点决定公司的基因和风格,创始人的能力决定项目的上限。

◆ 创始人需要提升的方面

1. 心态:积极乐观、坚韧不拔,面对困难保持信心,平和地分析问题。

2. 品质:诚信、责任感、担当精神最重要,还有不拘小节、同理心、感恩心等。

3. 能力:成为多面手,具备领导能力、市场洞察力、财务管理能力、团队建设能力,以及讲故事能力和处理问题能力。

◆ 创始人需要具备的心态

1. 稳定:理性地处理事情,降低决策失误,可多阅读相关书籍学习。

2. 乐观:创业途中多糟心事,创始人心态影响团队，应始终保持积极向上。

3. 自信：面对否定声音要深度思考，然后保持自信前行。

4. 信念：创业艰难时支撑前行，坚信能做好项目。

5. 不纠结：不纠结于小事，以结果为导向，把时间和心思放在发展项目上。

◆ 创始人需要具备的品质

1. 正直：是合作基础，确保自身利益及长期合作。

2. 不拘小节：让人好相处，有利于合作和发展。

3. 同理心：能站在他人角度思考，对创业很重要。

4. 感恩心：对帮助过自己的人感恩，路会越走越宽。

◆ 创始人需要具备的能力

1. 格局：对公司有规划，说话做事有水准。

2. 眼光：看得深、远、全，需多思考和多实践。

3. 执行力：关乎团队的做事效率，应快速执行不犹豫。

◆ 学会讲故事

1. 讲商业计划书：从行业讲起逐步铺垫，包括行业的过去、趋势、赛道、产品、商业模式、现状及融资目的等。

2. 讲产品：说明问题产生、解决方法、产品效果、市场反馈和未来规划等。

◆ 处理问题七个原则

1. 倾听：有助于发现问题的切入点。

2. 不着急下结论：遇事后冷静思考，或倾听第三方意见再答复。

3. 不轻易承诺：防止难以兑现等后续纠纷。

4. 不冲突：避免与合伙人、员工、合作方等发生冲突，展现器量和涵养。

5. 多沟通：遇到摩擦多次磨合意见，注意语气和方法。

6. 多坚持：面对困境不放弃，坚持一下，寻找转机。

7. 以解决问题为目的：处理问题以解决为目的，不掺杂个人情绪。

后记

最后一课

到这里,正篇的内容都讲完了,但为什么会有最后一课呢?因为这是我新加的内容。在写这本书的时候,还没想到这些,正好在出版的时候想到了,所以就加了进来。

最后一课送给你两张图,也是我认为最精练的两张图,希望能对你有所启发!

第一张图是公司经营五边形,如图2所示,展示经营公司最重要的五个维度。

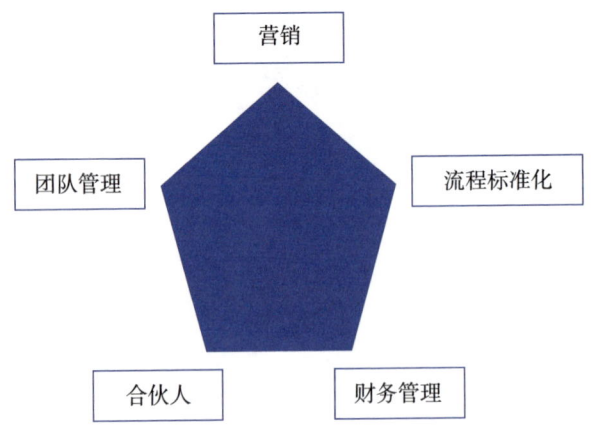

图2　公司经营五边形

营销在最前方：99%的产品都可以靠营销解决。

团队管理在中部左侧：公司要想做大，须注重团队管理。

流程标准化（SOP）在中部右侧：公司要想发展快，须流程化、标准化管理。

合伙人在底部左侧：公司要想做大，合伙人须靠谱和稳定。

财务管理在底部右侧：公司要想做大，财务管理须做到非常精细化。

第二张图是人生升级因素三角形，如图3所示，展示影响一个人一生能走到的社会高度的三大主要因素。

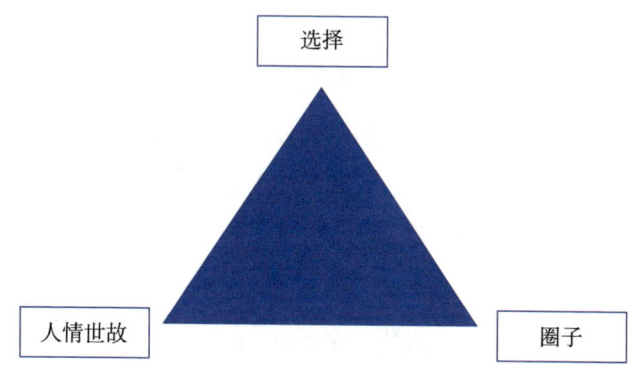

图3　人生升级因素三角形

选择在前：人生除了出生不能决定，我们今天的一切都源自选择。我们需要极其重视选择，并且敢于选择。每次选择都代表了有一半机会是好的，一半机会是不好的。当你选择出的结果显示不好时，那就继续做选择，直到满意为止。

人情世故在左：这个社会是由人组成的，一切的一切都源自人，所以我们需要了解人性。同时，人是群居动物，会分为不同的群体，所以不仅要了解人性，还要了解人情世故。

圈子在右：圈子对于一个人的影响巨大。如果你想不断地提升自己的能力和财富，就需要不停地往更优秀、更高级的圈子里走。而创业就是一个不断攀登的过程，如果你不攀登，就只能止步于此。

未曾谋面的读者，当您看到这里，意味着您已读完这本书。您能将本书看完，是我的荣幸，谢谢您阅读我的书！我写的内容均源自真实经历收获的经验,并且毫无保留地分享给了您。书中内容仅能作为您创业时的参考和借鉴,请不要完全照搬,因为每个人的道路都是不同的,我所讲的方法不一定适合您。我只希望书中内容能更好地启发您,开阔您的创业思路,助您更顺利地找到适合自己的方法与方向。

另外,创业实在很艰辛。不要把自己当成天选之子,你我都不过是芸芸众生中的小人物。在创业之前,请先做好长期奋斗和孤立无援的准备。当你开始创业了,就要丢掉幻想,全力以赴。请记住,是全力以赴,而不是尽力而为。

要明白,创业者应做"帅才",而不是"将才",需学会全局把控。走一步看三步,步步为营,且不钻牛角尖。创业如果钻进牛角尖,可能会输得很惨。如果无法确定自己是否钻了牛角尖,就多找您认为比自己优秀很多的人问一问,通常会得到答案。倘若问完后还是坚持自己的观点,那就按照自己的想法去做吧。

在创业的道路上,我一直遵循"终身收益"原则。在规划做事路径时,我总是把能否实现终身收益作为第一考量因素,确保每一次决策和行动都可以为人生持续赋能。

人生不长,春秋有限。不妨大胆地活着,勇往直前,期待我们都能大梦成真!

最后,衷心祝愿您创业成功,改变人生。

致谢

我想感谢一下我的妻子蓝小姐。在我的创业和写作的过程中,她都给予了我很大的支持和鼓励。如果没有她的理解和鼓励,我很难走到今天,写这本书也离不开她诸多方面的支持。能娶到蓝小姐,对我来说真是三生有幸,是我过去三十多年最大的幸运。

有句古话说得好,"亏妻者百财不入"(亏夫者同理)。在这里祝愿每一位创业者都能找到自己心仪的对象,同时也切记要好好对待人家。

人生唯有爱与生命不可辜负,祝好!